東京大学教養学部の
アカデミック・ジャパニーズ

J–PEAK

Japanese
for
Liberal Arts
at
the University of Tokyo

中上級
＞▸◆◂＜
Pre-advanced
Level

根本愛子
Aiko Nemoto

ボイクマン総子
Fusako Beuckmann

藤井明子
Akiko Fujii

the japan times PUBLISHING

謝辞

　清水剛教授（東京大学大学院総合文化研究科）には、ユニット 2「データから見る日本の産業」とユニット 8「企業の社会に対する貢献」の草稿に目を通していただき、数多くの貴重なご意見やご提案をいただきました。ここに記して感謝申し上げます。

東京大学教養学部のアカデミック・ジャパニーズ　J-PEAK 中上級
J-PEAK: Japanese for Liberal Arts at the University of Tokyo [Pre-advanced Level]

2024 年 1 月 5 日　　初版発行

著　者：根本愛子・ボイクマン総子・藤井明子
発行者：伊藤秀樹
発行所：株式会社 ジャパンタイムズ出版
　　　　〒 102-0082 東京都千代田区一番町 2-2 一番町第二 TG ビル 2F

ISBN978-4-7890-1806-7

First edition: January 2024

Illustrations, layout design and typesetting: Asahi Media International
English translations: Amitt Co., Ltd.
Narrators: Shogo Nakamura and Marin
Recordings: Studio Glad Co., Ltd.
Cover design: atelier yamaguchi
Cover illustration: Septem artes liberales from "Hortus deliciarum" by Herrad von Landsberg (about 1180)
Printing: Nikkei Printing Inc.

Published by The Japan Times Publishing, Ltd.
2F Ichibancho Daini TG Bldg., 2-2 Ichibancho, Chiyoda-ku, Tokyo 102-0082, Japan
Website: https://jtpublishing.co.jp/

ISBN978-4-7890-1806-7

Printed in Japan

はじめに

　『東京大学教養学部のアカデミック・ジャパニーズ J-PEAK』は、高等教育機関の中級・上級の日本語学習者を対象とした総合教科書です。初級修了直後の学習者がスムーズに中級に移行でき、中級から上級への学習、さらに上級の学習が継続してできるよう構成されたシリーズです。本書は『J-PEAK 中級』に続く、2冊目となります。

　本シリーズは、日本語学習を通じて論理的・分析的・批判的思考と総合的な日本語のスキル、特に日本語での発信力を高めることを目的としています。筆者らが教鞭をとる東京大学教養学部 PEAK（Programs in English at Komaba、英語のみで学士号を取得できるコース）では、幅広く深い教養と知的好奇心を養い、既存の知識を批判的に吟味して独自の観点を創造する力を身につけることを目指しています。本シリーズは、もともとはこの PEAK の必修日本語科目で使用するために開発を始めたものですが、交換留学生対象の総合日本語科目でも使用しており、広く国内外の高等教育機関でお使いいただける内容になっています。

　中上級は、アカデミックの基本的な内容や表現を学習した中級から一段進み、より深い内容理解や表現が学習できるよう設計しました。引き続き、日本語で見聞きしたことについて分析的・批判的に考え、論理的に意見が述べられるようになることが目標ですが、中級レベルよりも高度なものが求められます。

　本シリーズは、試行版を8学期4年間にわたり、授業で使用してきました。その間、学生や授業担当教員の方々からいただいた多くのコメントを、その都度、教材に反映させるという作業を繰り返しました。

　本書が、日本語学習を通して学習者が自ら考え、日本語で発信する力を身につける一助となれば幸いです。

2023 年 12 月

根本愛子

ボイクマン総子

藤井明子

もくじ
Contents

はじめに ………………………………………………………… 3
本書について ………………………………………………… 6
本書の使い方 ………………………………………………… 8
About This Book ………………………………………… 14
How to Use This Book ………………………………… 16

Unit 1

目標達成のための時間管理
もくひょうたっせい かんり
Time Management for Achieving Goals

23

ていねいに読む Intensive Reading …………………… 25
すばやく読む Speed Reading ………………………… 30
聞く Listening ……………………………………………… 36
発表し、感想を述べる Presenting Thoughts and Ideas …… 37
はっぴょう かんそう の
決意表明文を書く Writing a Statement of Determination …… 41
けつい ひょうめいぶん

Unit 2

データから見る日本の産業
Japanese Industry Perceived Through Data

47

ていねいに読む Intensive Reading …………………… 50
すばやく読む Speed Reading ………………………… 56
聞く Listening ……………………………………………… 62
発表する Presentation …………………………………… 64
はっぴょう
説明文を書く Writing a Report ……………………… 69

Unit 3

町中のカメラ
まち なか
Cameras in Town

75

ていねいに読む Intensive Reading …………………… 77
すばやく読む Speed Reading ………………………… 81
聞く Listening ……………………………………………… 87
ディベートをする Debate ……………………………… 89
意見文を書く Writing Opinions ……………………… 97

Unit 4

人工知能と働く
じんこうちのう
Working with Artificial Intelligence

101

ていねいに読む Intensive Reading …………………… 104
すばやく読む Speed Reading ………………………… 108
聞く Listening ……………………………………………… 113
ディスカッションをする Discussion ………………… 115
意見文を書く Writing Opinions ……………………… 122

Unit 5 日本美術 ー 127
び じゅつ
Japanese Art

　ていねいに読む Intensive Reading ー 130
　すばやく読む Speed Reading ー 134
　聞く Listening ー 142
　発表する Presentation ー 144
　はっぴょう
　紹介文を書く Writing an Introduction ー 149
　しょうかいぶん

Unit 6 外来語の取り扱い ー 151
がい らい ご と あつか
Dealing with Words of Foreign Origin

　ていねいに読む Intensive Reading ー 153
　すばやく読む Speed Reading ー 157
　聞く Listening ー 164
　ディベートをする Debate ー 165
　意見文を書く Writing Opinions ー 170

Unit 7 身の回りの細菌と健康の関係 ー 173
み まわ さい きん けん こう
Bacteria Found in Our Surroundings and Our Health

　ていねいに読む Intensive Reading ー 176
　すばやく読む Speed Reading ー 179
　聞く Listening ー 185
　発表する Presentation ー 187
　はっぴょう
　レポートを書く Writing a Class Essay ー 191

Unit 8 企業の社会に対する貢献 ー 193
き ぎょう こう けん
The Contribution of Companies to Society

　ていねいに読む Intensive Reading ー 196
　すばやく読む Speed Reading ー 200
　聞く Listening ー 207
　ディスカッションをする Discussion ー 208
　説明文を書く Writing a Report ー 211

文型表現さくいん Sentence Pattern Index ー 213
ぶんけい
単語さくいん Vocabulary Index ー 214

［別冊］ Supplement
単語リスト・文型表現 Vocabulary List & Building Sentences
ぶんけい

本書について

1　対象

　本シリーズの対象は、日本国内外の高等教育機関の中級〜上級レベル（CEFR の B1 〜 B2）の日本語学習者です。シリーズ第 2 巻である本書は、中級中期〜後期（中上級）程度の学習者を対象としています。中級よりもさらに高度な内容を論理的に発信し、アカデミックな場面に対応できる力を身につけます。

2　目的

◆本シリーズの目的

　日本語学習を通じて、論理的・分析的・批判的思考と総合的な日本語のスキル、特に日本語での発信力を高める

◆本書『中上級』の目的

　1）　初級〜中級前半レベルの語彙・文法を復習するとともに、トピックに関する語彙と中上級レベルの文型表現を身につけながら、すでに持っている知識を活性化する

　2）　自分の持てる日本語力を駆使して、日本語で見聞きしたことについて分析的・批判的に考え、論理的な意見を積極的に述べられるようになる

3　理念と特徴

　リベラルアーツの起源は、ギリシア・ローマ時代の「自由 7 科」（文法、修辞学、論理学、算術、幾何学、天文学、音楽）であり、その時代に自由人（＝奴隷ではない人）として生きるために学ぶべきものだと言われています。近年では、「人の精神を自由にする幅広い基礎的学問・教養」（瀬木 2015）や「"自由" になるための "手段"」（山口 2021）などとされています。「教養」とは、この「リベラルアーツ」の訳語です。

　また、「アカデミック・ジャパニーズ」は「教養教育」であり、教養教育の中心課題は「学び方を学ぶこと」にあるとされています。そして、自由で民主的な社会を構成する市民が身につけるべき「自己を表現し、他者と出会い、他者とつながる力」の育成が重要です（門倉 2006）。また、アカデミック・ジャパニーズに求められるのは「論理的・分析的・批判的思考法」（山本 2004）だとも言われています。

　本シリーズは、これまでの言語教育の研究知見に基づき、これら教養（リベラルアーツ）とアカデミック・ジャパニーズ、特に、論理的・分析的・批判的思考を徹底して具現化することを試みました。

1）　リベラルアーツのためのトピック選定

　本シリーズでは、日本語学習を通して、横断的な知識と物事の捉え方を学ぶリベラルアーツ、すなわち、教養を培うことを重視しています。特に高等教育においては、単に言語を学

び4技能を伸ばすだけでなく、世界の事象について自ら考察し、その考えを述べることが求められます。

そこで本シリーズでは、学習者が自分の専門に関わらず興味関心を持つことができるようなトピックを人文科学・社会科学・自然科学から幅広く取り扱いました。

2) アカデミック・ジャパニーズの獲得に向けたユニット内構成

本シリーズは、アカデミック・ジャパニーズの定義を踏まえ、ユニット内の活動の構成を考えました。まず、「ウォーミングアップ」でユニットのトピックの喚起を行います。そして、「ていねいに読む」ではトピックの概論にあたる内容を、「すばやく読む」と「聞く」ではトピックの各論にあたる内容を扱います。これらの活動は、ユニットのまとめにあたる話す活動と書く活動で、自己表現を十全に行うための準備となります。そのため全てのセクションは、このテキストで示されている順に、省略せず行うことが望ましいと考えます。

また、自己を表現し他者とつながる手段は様々であるため、その発信方法にはバラエティを持たせました。話す活動には発表・ディベート・ディスカッションを、書く活動には決意表明文・説明文・意見文・紹介文・レポートを、それぞれ取り入れました。

3) 研究知見に基づいて書き下ろした本文と設問

本シリーズの特徴を語る上で欠かせないのが、語彙研究と読解ストラテジー、聴解ストラテジーに関わる研究知見に基づいて作成されていることです。

語彙は、「日本語テキスト語彙・漢字分析器」(Japanese Lexical Analyzer、通称 J-LEX)（菅長・松下 2013）を用いて各レベルで使用する語彙基準を設け、その基準内で全ての本文を書き下ろしました。これにより、学習者は自分のレベルに合った語彙を使って無理なく学習することができるようになっています。なお、本書『中上級』の本文は、ターゲット語彙をJ-LEXの2001〜4000位とし、4000位までの語彙カバー率が90〜95％になるようにしました。また本書では、J-LEXで501位以降の漢字にはルビがついています。このように語彙・漢字レベルに基準を設けることによって初めて、学習者のレベル（中級／中上級／上級）を厳密に規定することができると筆者らは考えます。

読解ストラテジーについては、Koda and Yamashita (2019) を参考にし、本文の内容を理解するだけでなく、読んだ内容をもとに自分自身の意見を述べたり、得た知識を精緻化して世界で起こっている事象につなげたりする設問を設けています。

こうして読解活動でトピックへの理解を深めることは、次の聴解活動の支援にもつながります。音声を聞いている時に単語・文レベルではなく段落やテキスト全体を参照したり、予測や推測したりしながら聞く（横山 2008）という聴解ストラテジーをより効果的に養うことができます。

本書の使い方

1 ユニット内の構成と進め方

　本書の各ユニットは全て、読む・聞く活動（①～③）から、話す活動（④）・書く活動（⑤）へとつながっています。

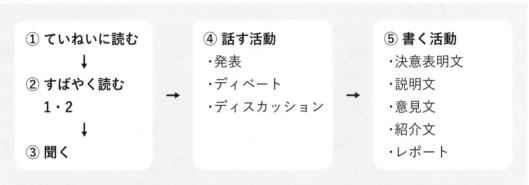

① **ていねいに読む**
　　↓
② **すばやく読む**
　　1・2
　　↓
③ **聞く**

→

④ **話す活動**
　・発表
　・ディベート
　・ディスカッション

→

⑤ **書く活動**
　・決意表明文
　・説明文
　・意見文
　・紹介文
　・レポート

　＊別冊　単語リスト：①～③について、読めて書けるようになる単語（★★）、読めて意味がわかればいい単語（★）が取り上げられています。
　　　　　文型表現：①の後に行うか、①～③の後にまとめて確認することを推奨します。

1）扉

　各ユニットの最初の扉ページには、トピックのタイトルと問いおよび各活動の見出しがあります。このユニットで何を学習するのか、全体の流れとユニットのねらいを確認しましょう。

2）ウォーミングアップ Warm-up

　ユニットに入る前に、ユニットのトピックについて考えます。まず、トピックについて自分の知っていることを日本語で話してみましょう。

3）ていねいに読む Intensive Reading

　ユニットのトピックの概論となる内容の読解タスクです。本文は J-LEX で 3000 位（ユニット 1～4）または 4000 位（ユニット 5～8）までの語彙カバー率が 90～95％になるように書き下ろされています。また、501 位以降の漢字が含まれる語彙を基本としてルビがついています。

　1 回目は、今の自分がどのぐらい読めるか、何がわからないかを確認するため、辞書や単語リストを見ないで読んでみましょう。2 回目は、別冊の単語リストを使って、わからない言葉や表現をチェックしながら読みましょう。

本文の大まかな内容が理解できているかどうか確認します。5つの文を聞いて、合っているか違っているかを答えます。

内容を読み取る Reading comprehension

本文の内容が正確に理解できているかどうかを確かめます。答え方にも気をつけましょう。例えば、理由を問われた場合は「～からです」と答えるなどです。

考えを述べる・広げる Sharing of knowledge

本文の内容を理解した上で、深く考えて、自分自身の意見を述べます。さらに、本文の内容から離れて、トピックについてより深く広く考え、意見を述べるために、以下の設問を取り入れました。

i 分析的に考える：本文の内容について、自分の知っていることやこれまでの経験と比較します。本文で述べられていることが、具体的にはどういうことかを考えましょう。

ii 批判的に考える：筆者の意見について自分はどう思うか、ある状況において自分だったらどうするかなどを考えます。そう思う理由や根拠も考えましょう。

iii 論理的に述べる：iやiiについて、自分の考えを述べます。他の人にもわかりやすくなるように、簡潔に順序よくまとめましょう。

iv 他者と対話する：他の人の考えを聞きます。自分の意見と比較しながら聞きましょう。質問や反論、ディスカッションをして、お互いの考えを伝え合いましょう。

4) **すばやく読む Speed Reading**

トピックに関して、個別の事例や関連した事象を扱う文章です。本文で使われている語彙の95%は、すでに学習した語彙、またはこのレベルで知っておくべき語彙です。まずは辞書や単語リストを使わずに読んでみましょう。また、読むのに何分かかったかも測っておくとよいでしょう。文の長さと難しさは、ユニット1～4、5～8ではそれぞれほとんど同じなので、学習が進むごとに速く読めるようになっているか確認できます。

内容を読み取る Reading comprehension

話の内容を大まかに理解するためのスキミングと、必要な情報のみを拾うためのスキャニングの問題があります。本文を読む前に質問文を確認し、どのようなストラテジーで読むといいか考えるといいでしょう。

考えを述べる・広げる Sharing of knowledge

「ていねいに読む」同様、分析的・批判的に考え、論理的に意見を述べましょう。他の人の意見も聞いて、理解を深めましょう。

5) 聞く Listening

「すばやく読む」同様、トピックに関して、個別の事例や関連した事象を扱う内容となっています。2人の話者によるダイアログか、1人の話者によるモノローグです。ユニット2と7は、「聞く」がその後の話す活動（発表）のモデルとなっています。聞く前に質問文を確認し、どのように聞くべきかを考えましょう。最初は辞書や単語リストを見ないで聞いてみましょう。その後、メモを取りながらもう一度聞いてみましょう。わからない場合は、何度か聞いてみるといいでしょう。

内容を聞き取る Listening comprehension

「すばやく読む」と同様に、話の内容を大まかに聞き取る問題と、必要な情報のみを聞き取る問題があります。

考えを述べる・広げる Sharing of knowledge

「ていねいに読む」「すばやく読む」同様、分析的・批判的に考え、論理的に意見を述べましょう。他の人の意見も聞いて、理解を深めましょう。

6) 話す活動

ユニットのまとめとして、発表、ディベート、ディスカッションのいずれかの活動が用意されています。それぞれの準備の方法や進め方は、各ユニットで示されています。指示を参考にしながら、自分の意見や考えを述べましょう。

ユニット1	発表し、感想を述べる Presenting Thoughts and Ideas
ユニット2・5・7	発表する Presentation
ユニット3・6	ディベートをする Debate
ユニット4・8	ディスカッションをする Discussion

話す活動には、 自己評価 Self-evaluation が付いています。自分は何ができたか、何ができなかったかを必ず確認しましょう。友達とチェックしたり、先生に聞いたりしてもいいでしょう。そして、できなかったことについて、次はどうしたらできるようになるかを考えましょう。

7）書く活動

　話す活動が終わったら、自分で話したことを文章でまとめます。決意表明文、説明文、意見文、紹介文、レポートのいずれかがあります。それぞれの準備の方法や進め方は、各ユニットで示されています。クラスで出た質問やコメント、他の人が述べた意見も参考にして、自分の意見や考えをまとめましょう。

ユニット1　　　　　決意表明文を書く　Writing a Statement of Determination

ユニット2・8　　　説明文を書く　Writing a Report

ユニット3・4・6　意見文を書く　Writing Opinions

ユニット5　　　　　紹介文を書く　Writing an Introduction

ユニット7　　　　　レポートを書く　Writing a Class Essay

　書く時には、以下の点に注意しましょう。

ⅰ **文体を揃える**：一つの文章の中で「です・ます」体と「だ・である」体が混ざらないようにしましょう。中上級では全ユニットで「だ・である体」で書くように指示があります。話す活動では「です・ます」で話していても、書くときは「だ・である」体にしなければなりません。

ⅱ **文字数を守る**：ユニットごとに何文字かの指示があります。「○文字程度」の場合は±10%の文字数で書くようにしましょう。例えば、発表のスクリプトは長いので、そのまま使えないでしょう。話し言葉と書き言葉の違いに注意したり、質疑応答で出た内容を付け加えたりしながら、指示された字数に合うように書き直しましょう。

ⅲ **出典を書く**：他の人の書いたものを引用する場合は、出典を書かなければなりません。

【本文中での引用】　　※「本書について」も参考にしてください。

　例1） アカデミック・ジャパニーズに求められるのは「論理的・分析的・批判的思考法」（山本 2004）だとも言われています。

　　～～（ 筆者名字 発行年 ）とされている／と言われている

　例2） 山本（2004）は、アカデミック・ジャパニーズに求められるのは「論理的・分析的・批判的思考法」と述べています。

　　筆者名字 （ 発行年 ）は、～～と述べている／としている

11

【参考文献リスト】　　※巻末の「参考文献」も参考にしてください。

例 1) <u>山口周</u>　<u>(2021)</u>『<u>自由になるための技術 リベラルアーツ</u>』<u>講談社</u>
　　　　　└筆者名　　└ 発行年　　　　　　本のタイトル　　　　　　　　　└出版社名

例 2) <u>門倉正美</u>　<u>(2006)</u>「<u>〈学びとコミュニケーション〉の日本語力 アカデミック・ジ</u>
　　　　　└筆者名　　　　└ 発行年　　　　　　　　論文のタイトル
　　<u>ャパニーズからの発信</u>」門倉正美他編『<u>アカデミック・ジャパニーズの挑戦</u>』
　　　　　　　　　　　　　　　　　　　　　　　　　　　└本のタイトル

　　<u>ひつじ書房</u>, <u>3-20</u>
　　　└出版社名　　└ ページ

　書く活動には、 セルフチェック Check the statements があります。提出する前に、自分が書いた作文をもう一度確認しましょう。

2　別冊の内容と使い方

1)　単語リスト

　各ユニットの単語リストがあります。単語リストにある★は、その単語を使えるようになるべきか、意味や読み方がわかればいいのかを示しています。

　★★の単語はユニット 1 〜 4 は J-LEX の語彙 1501 〜 3000 位、ユニット 5 〜 8 は 2001 〜 4000 位までで、読み書きを含め、自分で使えるようになることが求められる語彙（使用語彙）です。一方★の単語は、ユニット 1 〜 4 は J-LEX の語彙 3001 位以降、ユニット 5 〜 8 は 4001 位以降で、書けなくても、読めて意味がわかればよい語彙（理解語彙）です。カタカナ語は J-LEX でユニット 1 〜 4 が 1501 位以降、ユニット 5 〜 8 は 2001 位以降の場合、★★になっています。ただし原則として、代表的な初級日本語教科書ですでに学習した語彙はリストには入っていません。

2)　文型表現

　代表的な初級日本語教科書ではまだ学習していない文型で、そのトピックに関する意見を述べる際に必要だと思われる文型を取り上げています。それぞれに例文、解説、作文練習問題があります。

3　音声ファイル

　以下のセクションには、ダウンロードできる音声が付いています。

ていねいに読む	本文、「理解チェック」の音声
すばやく読む	1・2 の本文の音声
聞く	会話またはモノローグの音声

4 **解答・スクリプト**

各設問の解答、「ていねいに読む」セクションの「理解チェック」と「聞く」セクションの音声スクリプトは、PDF ファイルで提供します。以下の URL にアクセスしてダウンロードしてください。

https://bookclub.japantimes.co.jp/jp/book/b637520.html

About This Book

1 Target audience

This series is aimed at intermediate to advanced level (levels B1 and B2 of the CEFR) learners of Japanese at institutions of higher education both in Japan and abroad. This second volume in the series is intended for learners from the mid-intermediate level to the pre-advanced level. It encourages learners to gain the ability to logically convey more advanced content than the intermediate level and to navigate academic situations.

2 Objectives

◈ Objectives of this series

To develop logical, analytical, and critical thinking and general Japanese language skills, especially the ability to communicate in Japanese, through the study of the Japanese language.

◈ Objectives of this pre-advanced text

1) To stimulate knowledge already possessed while reviewing beginner-level to early intermediate-level vocabulary and grammar and acquiring new vocabulary related to topics and sentence patterns at the pre-advanced level.

2) To enable students to think analytically and critically about things seen or heard in Japanese, and to actively express logical opinions by making full use of their own Japanese language ability.

3 Philosophy and characteristics

The idea of the liberal arts originated in the "seven liberal arts" (grammar, rhetoric, logic, arithmetic, geometry, astronomy, and music) studied in Greek and Roman times by free persons (i.e., not slaves). In recent years, the liberal arts have been described as "a wide range of basic studies and cultured knowledge that free the human spirit" (Segi 2015) and "a means of becoming 'free'" (Yamaguchi 2021). Here, the Japanese term *kyōyō* serves as a translation of "liberal arts."

Academic Japanese also means a liberal arts education, and the central task of a liberal arts education is to *learn how to learn*. It is also important that citizens who constitute a free and democratic society develop the ability to "express themselves, meet with others, and connect with others" (Kadokura 2006). "Logical, analytical, and critical thinking skills" are also said to be required of academic Japanese (Yamamoto 2004).

Based on research findings in language education to date, this series attempts to serve as a thorough embodiment of liberal arts education and academic Japanese, particularly logical, analytical, and critical thinking skills.

1) Selecting topics in the liberal arts

This series emphasizes the cultivation of liberal arts—that is, the study of cross-disciplinary knowledge and ways of perceiving and apprehending through the study of Japanese. Especially in higher education, students are expected not only to learn a language and develop four skills, but also to consider and express their own opinions about world events.

For this reason, this series covers a wide range of topics from the humanities, social sciences, and natural sciences that may be of interest to students regardless of their major fields of study.

2) Structure of units for learning academic Japanese

For this series, the activities in the units have been structured based on the definition of academic Japanese. First, the Warm-up section gives a sense of the unit's topic. Next, the Intensive Reading section provides an overview of the topic, while the Speed Reading and Listening sections cover the individual topics. These activities prepare students to fully express themselves in the Speaking and Writing activities that summarize the unit. For this reason, it is recommended that all sections be completed in the order presented in this text, without skipping or omission.

As there are many different ways to express oneself and connect with others, a variety of approaches have been included. The speaking activities incorporate presentations, debates, and discussions, while the writing activities incorporate statements of determination, reports, opinion pieces, introductions, and class essays.

3) Text and questions based on research findings

An essential feature of this series is that it is based on research findings related to vocabulary research, reading comprehension strategies, and listening comprehension strategies.

Vocabulary standards to be used at each level have been established using the Japanese Lexical Analyzer (commonly known as J-LEX) (Suganaga & Matsushita 2013). All text has been set within these criteria. This enables learners to use vocabulary appropriate to their level, which facilitates learning. The target vocabulary for the text of this book, pre-advanced, is taken from J-LEX vocabulary items ranked 2001–4000, and the coverage of vocabulary in this range is 90–95%. In this book, kanji characters ranked 501 or higher by J-LEX are marked with ruby text (pronunciation guide). The authors believe that only by setting standards for vocabulary and kanji levels in this way can the learner's level (intermediate, pre-advanced, or advanced) be strictly regulated.

For reading comprehension strategies, with reference to Koda and Yamashita (2019), questions have been provided that require students not only to comprehend the content of the text, but also to express their own opinions based on what they have read, to elaborate on the knowledge they have gained, and to connect it to events happening in the world.

This deepening of understanding of these topics in reading comprehension activities also supports the following listening comprehension activity. Listening comprehension strategies, such as considering entire paragraphs and the overall text rather than just words or sentences, and making predictions and inferences while listening to audio (Yokoyama 2008) can be developed more effectively.

How to Use This Book

1 Unit structure and how to proceed

Each unit in this book is connected from reading and listening activities (1) to (3) through to speaking (4) and writing (5) activities.

(1) Intensive Reading

↓

(2) Speed Reading

1 & 2

↓

(3) Listening

→

(4) Speaking Activities

- Presentation
- Debate
- Discussion

→

(5) Writing Activities

- Statements of determination
- Report
- Opinions
- Introductions
- Class essays

* Separate vocabulary list: For (1) through (3), this includes words that students will learn and become able to read and write (★★), as well as words for which being able to read and understand their meaning will suffice (★).

Building Sentences: It is recommended to do this after (1) or confirm together after (1) to (3).

1) Title Page

The title page of each unit contains the topic title, questions, and headings for each activity. You can check what you will learn in the unit, such as the overall flow of the unit, and the objectives of the unit.

2) ウォーミングアップ Warm-up

Before you begin the unit, think about the unit topic. First, try speaking in Japanese about what you know on the topic. Then, review the key words for the unit.

3) ていねいに読む Intensive Reading

This is a reading comprehension task for the content that presents an outline of the unit topic. Words in the text are taken from J-LEX vocabulary items ranked up to 3000 (Units 1–4) or 4000 (Units 5–8), and the coverage of vocabulary in this range is 90–95%. Also, as a general rule, kanji characters ranked 501 or higher by J-LEX are marked with ruby text (pronunciation guide).

For the first reading, try not to look at a dictionary or vocabulary list to check how well you can read and what you don't yet understand. As you read the second time, use the vocabulary list to check any words and expressions you don't understand.

Check your overall understanding of the content of the text. Listen to five statements, and answer whether they are correct or not.

内容を読み取る Reading comprehension

Check to see how accurately you understand the content of the text. Be careful how you answer. For example, if asked to give a reason for your answer, you should start your answer with "Because ... "

考えを述べる・広げる Sharing of knowledge

After you understand the content of the text, think deeply and express your own opinion. The following questions are designed to encourage students to think more deeply and broadly about the content of the topic and to express their own opinions.

   (i) **Analytical thinking:** Compare the content of the text with what you already know and your previous experiences. Think about what specifically is being stated and the meaning of the text.

  (ii) **Critical thinking:** Think about your thoughts about the author's opinion, and what you would do in those circumstances. Think also about the reasons and grounds for your opinions.

 (iii) **Logical expression:** State your thoughts on (i) and (ii). Summarize your thoughts in a concise and orderly way so that other people can easily understand them.

 (iv) **Dialogue with others:** Listen to other people's ideas. Listen while comparing your opinions with theirs. Share your ideas by asking questions, counter-arguing, and discussing.

4) すばやく読む Speed Reading

These texts deal with individual cases and events related to the topic. 95% of the vocabulary used in these texts is vocabulary you have already learned or should know at this level. Read the text first without using a dictionary or vocabulary list. You should also measure how many minutes it takes you to read it. The length and difficulty of the sentences are almost identical among Units 1–4 and Units 5–8, respectively, so you can check whether you are getting faster as you progress.

内容を読み取る Reading comprehension

Some questions require skimming to understand the general outline, while some questions require scanning to pick up only the necessary information. You should check the questions before reading the text, and think about what kind of strategy you need to use when reading the text.

 **内容を読み取る** Reading comprehension

Just as in Intensive Reading, you should think analytically and critically, and express your opinions logically. Listen to other people's opinions to deepen your own understanding.

5)  聞く Listening

Just as in Speed Reading, the content will involve individual cases and events related to the topic. These will either be dialogues between two speakers or monologues by a single speaker. In Units 2 and 7, the Listening activity is a model for the subsequent Speaking activity (presentations). Before listening, review the questions and think about how you should listen. Listen first without looking at a dictionary or vocabulary list. Then listen once again, this time taking notes. If you don't pick it up, try listening several times.

 **内容を聞き取る** Listening comprehension

Just as in Speed Reading, some questions require you to understand the general outline, while others require you to pick up only the necessary information.

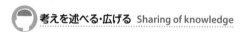 **考えを述べる・広げる** Sharing of knowledge

Just as in Intensive Reading and Speed Reading, you should think analytically and critically, and express your opinions logically. Listen to other people's opinions to deepen your own understanding.

6) Speaking Activities

The following activities have been prepared as a summary of each unit: presentations, debates, and discussions. Instructions on how to prepare for each activity and how to proceed are given in each unit. Check the instructions as you express your own opinions and ideas.

Units 1	発表し、感想を述べる Presenting Thoughts and Ideas
Units 2, 5, 7	発表する Presentation
Units 3 & 6	ディベートをする Debate
Units 4 & 8	ディスカッションをする Discussion

Each speaking activity is accompanied by 自己評価 Self-evaluation . Be sure to check what you were able to do and what you were not able to do. You can check with a friend or ask your teacher. Then, think about how you could do these things better next time.

7) Writing Activities

After the Speaking activity is complete, summarize what you have said in writing. Statements of determination, reports, opinion pieces, introductions, and class essays have all been prepared. Instructions on how to prepare for each activity and how to proceed are given in each unit. Use the questions and comments raised in class, as well as opinions expressed by others, to formulate your own opinions and ideas.

Units 1	決意表明文を書く Writing a Statement of Determination
Units 2 & 8	説明文を書く Writing a Report
Units 3, 4, 6	意見文を書く Writing Opinions
Unit 5	紹介文を書く Writing an Introduction
Unit 7	レポートを書く Writing a Class Essay

When writing, keep the following points in mind.

(i) **Maintain a consistent writing style:** Do not mix *desu/masu* and *da/dearu* styles in the same piece of writing. In all units at the pre-advanced level, you will be instructed to write in the *da/dearu* form. You must use the *da/dearu* form when writing, even if the *desu/masu* form is used during speaking activities.

(ii) **Observe the limits on number of characters:** Each unit will include instructions on how many characters to use. If the instructions say "About X characters," you should write within +/- 10% of the stated number. If the instructions say "Within X characters," you must not exceed the stated number. For example, a script for a presentation is too long, so it would not be usable as is. You should rewrite it to fit the indicated number of characters, being mindful of the difference between spoken and written language, and adding any content that came up during the Q&A session.

(iii) **Citations:** If you are citing material written by someone else, you must write the source of the citation.

[Citation in body of text] * Please also refer to the About This Book section.

Example 1)　アカデミック・ジャパニーズに求められるのは「論理的・分析的・批判的思考法」（山本 2004）だとも言われています。

〜〜（author's family name, year of publication）とされている／と言われている

Example 2)　山本（2004）は、アカデミック・ジャパニーズに求められるのは「論理的・分析的・批判的思考法」と述べています。

author's family name（year of publication）は、〜〜と述べている／としている

[Reference list]　　* Please also refer to the bibliography section at the end of this book.

Example 1)　山口周（2021）『自由になるための技術 リベラルアーツ』　講談社
author's family name — — year of publication　　title of publication　　title of book publisher

Example 2)　門倉正美（2006）「〈学びとコミュニケーション〉の日本語力 アカデミック・
author's family name — — year of publication　　　title of article

　　　ジャパニーズからの発信」門倉正美他編 『アカデミック・ジャパニーズの挑戦』
　　　　　　　　　　　　　　　　　　　　　　title of publication —

　　ひつじ書房, 3-20
　　publisher —　 — page numbers

The Writing section includes セルフチェック Check the statements . Before submitting, always double-check your essay.

2 Content and usage of supplement

1) Vocabulary list

There is a vocabulary list for each unit. The ★ marking of certain words in the vocabulary list indicates whether you should be able to use the word or just know its meaning and how to read it.

Words marked ★★ are J-LEX vocabulary words ranked at 1501–3000 for Units 1–4 or ranked at 2001–4000 for Units 5–8. These are terms you should be able to use on your own, including reading and writing (active vocabulary). On the other hand, words marked ★ are J-LEX vocabulary words ranked at 3001 or higher for Units 1–4 or ranked at 4001 or higher for Units 5–8. These are terms you should be able to read and understand the meaning of, even if you cannot write them (passive vocabulary). Katakana words are marked ★★ if they are ranked at 1501 or higher for Units 1–4 or ranked at 2001 or higher for Units 5–8 in J-LEX. However, as a rule, vocabulary already studied in typical elementary Japanese language textbooks is not included in these lists.

2) Building Sentences

This section includes sentence patterns that may not typically be studied in beginner-level Japanese language textbooks, but are considered necessary for expressing opinions on the given topic. Each includes example sentences, explanations, and writing exercises.

3 Audio files

The following sections are accompanied by downloadable audio files.

Intensive Reading　　Audio files for main text and "Check your understanding"
Speed Reading　　Audio files for main text from sections 1 and 2
Listening　　Audio of conversations or monologues

4 Answers and scripts

The answers to each question and audio scripts for "Check your understanding" in the Intensive
Reading sections and the Listening sections are provided in PDF format. Please access the following
URL to download the files.

https://bookclub.japantimes.co.jp/en/book/b638261.html

目標達成のための時間管理
もく ひょう たっ せい　　　　　　　　かん り

Time Management for Achieving Goals

目標達成のためにどのような時間管理をすべきか
もくひょうたっせい　　　　　　　　　　　　かんり
How to manage time in order to achieve your goals

ていねいに読む　Intensive Reading
上手な時間管理の方法
かん り
Methods to manage time well

すばやく読む　Speed Reading
1「生きたカエルを朝一番に食べる」
あさ いち ばん
"Eat that frog first thing in the morning"

2 お勧めの時間管理術
すす　　　　　　　かん り じゅつ
Recommended time management techniques

聞く　Listening
レポートの締め切り
し き
Report deadline

話す活動　Speaking Activity
発表し、感想を述べる
はっ ぴょう　　かん そう　の
Presenting Thoughts and Ideas

書く活動　Writing Activity
決意表明文を書く
けつ い ひょう めい ぶん
Writing a Statement of Determination

このユニットのねらい
1) ある方法の特徴を他との違いについて区別しつつ、理解することができる。
2) ある事柄について特徴を挙げながら説明できる。
3) ある事柄に関する説明を受け、その事柄に対する自分の考えを述べることができる。

Aims of this unit
1) Be able to understand the characteristics of a given method and how it differs from others.
2) Be able to explain a given matter by discussing its characteristics.
3) Be able to express one's own opinion on a given matter on which one has heard an explanation.

1. あなたは時間管理をしていますか。している場合、どのような方法で時間管理していますか。

2. 毎日や将来のことについて計画や目標がありますか。ある場合、それはどのようなことですか。（今は計画や目標がなくても、できるだけ考えてみてください。）

　1) 毎日の計画や目標

　2) 今学期の計画や目標

　3) １年後の計画や目標

　4) ３〜５年後の計画や目標

3. （　　　）に入る最も適当な言葉を a. 〜 e. から選んでください。必要があったら、形を変えてください。

> **a.** 実現する　　**b.** 設定する　　**c.** 先延ばしする
> **d.** 振り返る　　**e.** 優先する

　1) 自分でやろうと決めていても、（　　　　　　　　　　）てしまうことがある。

　2) 夢を語るのは簡単だが、夢を（　　　　　　　　）のは難しい。

　3) 将来の計画を立てるために、過去を（　　　　　　　）てみよう。

　4) やらなければいけないことよりも、やりたいことを（　　　　　　　　　　）
　　ほうが夢に近づくことができるだろう。

　5) わたしは一度目標を（　　　　　　　　）たら、必ず最後までやり通すようにしている。

ていねいに読む Intensive Reading

◇1回目：辞書や単語リストを見ないで読んでください。**かかった時間** ＿＿＿＿分
◇2回目：辞書や単語リストで調べた言葉を書いておいてください。

上手な時間管理の方法　　🎧 U1-1

　大学生活では、自分で自分の時間を管理しなければならない。何時に起き、どの授業を取り、どんな活動をするのかなど、自らの行動を自分で決め、管理することが求められる。また、日々の行動だけでなく、自分の将来を考えて、長期的な目標に向けて行動を決定し、実行することも望まれる。そして、それを実現するには時間管理が大切になる。 5

　時間管理に関するハウツー本は数多くあるが、これらの本に共通していることは、1)やるべきこと（タスク）を書き出し、優先順位をつける、2)それぞれのタスクの達成目標を設定する、3)予定を計画し、確実に実行する、の３つにまとめられる。

　タスクの優先順位については、元米大統領アイゼンハワーが提案したマトリックスが有名である。これは、どのタスクを優先すべきかを決めるためのもので、それぞれのタスクの重要性と緊急性に基づいて４つの領域に分類される。第１領域が「重要かつ緊急」、第２が「重要だが緊急ではない」、第３が「緊急だが重要ではない」、第４が「緊急でも重要でもない」タスクとなる。 10

 15

図　タスクの優先順位

	緊急	緊急でない
重要	第1領域	第2領域
重要でない	第3領域	第4領域

　　第1領域のタスクは、締め切りのある仕事や危機対応など、最優先で取り組まねばならないタスクである。反対に、第4領域のタスクは、重要性も緊急性も低いため、後回しにしてもいいし、場合によってはやらなくてもよいタスクである。暇つぶしもこれに当たる。第3領域のタスクは、重要性が低いにも関わらず、緊急だからという理由で重要だと思い込みがちなタスクである。多くの人はここに自分の時間を使ってしまいがちだが、自分にとってそれほど価値のあるものではないため、他人に任せられるなら任せたほうがいいとされる。

　　さて、❶時間管理の鍵を握るのは第2領域である。ここに入るのは、「いつかやろう」と思いつつも、緊急ではないため、ついつい後回しにしがちなタスクで、健康的な体作りや将来のためのスキルの修得など、継続することが必要なものである。自分の人生にとって重要なタスクが多いことから、意識的にスケジュールに組み込むなど、積極的に行うべきだとされる。

　　タスクの優先順位が決まったとしても、各タスクに明確な目標がなければ実行されずに終わってしまう。目標を設定する基準としては、G・T・ドランという経営コンサルタントの提唱したS.M.A.R.T.が有名である。S.M.A.R.T. は、ドランが提唱した当時とは少し変化し、現在は、①目標が具体的であること（Specific）、②達成できたかが数値で測定できること（Measurable）、③現実的に達成可能であること（Achievable）、④自分の価値観と関連があり、自分にとって意味のあること（Relevant）、⑤達成までの期限が決められていること（Time-bound）、とされている。

　タスクの優先順位を決め、それぞれに明確な目標を設定したら、予定を立て計画通りに実行する必要がある。そして、ここでも時間管理が重要になる。❷ある研究によると、学生がレポート作成にかけた時間数とレポートの評価には関係がなく、レポートにかかる時間を的確に予測して計画を立て、その通りにタスクを実行した場合に、成績が最もよかったという。 40

　人生には予測できないことも起こるし、計画通りにいかないことも多い。しかし、自分の人生を切り拓くには、時間管理は欠かせない。時間管理をしっかり行い、自分にとって本当に重要だと思うことに挑戦するのがいいだろう。 45

理解チェック Check your understanding 　🎧 U1-2

文を聞いて、本文と同じだったら○を、違っていたら×を書いてください。

1) 　　　　 2) 　　　　 3) 　　　　 4) 　　　　 5)

 内容を読み取る Reading comprehension

1. 次のタスクは、第1領域～第4領域のどれに当たるか、数字を書いてください。

1) 第（　　　）領域： 後回しにしてもいいタスク

2) 第（　　　）領域： 他の人に任せてもいいタスク

3) 第（　　　）領域： 最初にやらなければならないタスク

4) 第（　　　）領域： 継続が必要で人生にとって重要だとされるタスク

2. 下線❶について、なぜ時間管理の鍵を握るのは第2領域のタスクなのですか。

_____

_____ から

3. 次の目標は、「日本に留学するために日本語を勉強する」というタスクを実行しようとしている大学生が設定した目標です。それぞれ、S.M.A.R.T.のどれに当たりますか。本文の番号①〜⑤を（　　）に入れてください。

1)（　　）日本に留学するまでに問題集を全部終わらせる。

2)（　　）日本経済の授業を取って日本語でレポートを書くために、日本語を上達させる。

3)（　　）週末にテストをして、その週に 50 個の単語が覚えられたか確認する。

4)（　　）『日本語単語』という問題集を使って 1 週間に単語を 50 個覚える。

5)（　　）1 日に単語を 30 個覚えるのは無理だったので、10 個ずつ覚える。毎日ではなく時々休んでもいいことにする。

4. ❷ある研究 では、レポートの成績と時間との関係はどうだったと述べられていますか。2 つ書いてください。

1) _____

_____ と述べられている。

2) _____

_____ と述べられている。

考えを述べる・広げる Sharing of knowledge

1. あなたは今どのようなタスクを抱えていますか。そして、そのタスクの重要性と緊急性_{きんきゅうせい}を具体的_{ぐたいてき}に考えましょう。最後に1〜4のどの領域_{りょういき}になるか考えてください。

今抱えているタスク かか	重要性・緊急性 きんきゅうせい	領域 りょういき
来週月曜の発表_{はっぴょう}のためにスライドを作成_{さくせい}する。	発表_{はっぴょう}は成績_{せいせき}に関係_{かんけい}があるので重要。来週の月曜日にあるので緊急_{きんきゅう}。	1

2. 1.の表に第2領域_{りょういき}のタスクはありましたか。それは、将来_{しょうらい}のどのような目標_{もくひょう}のために行っていますか。なかった場合は、3.に進んでください。

・タスク　　：

・将来の目標_{しょうらい　もくひょう}：

3. 将来の目標_{しょうらい　もくひょう　たっせい}の達成のために、「今はやっていないけれど、やってみたい／やったほうがいい」と思うタスクは何ですか。また、それは何のためですか。思_{おも}いついたものをすべて書きましょう。

・_____ため、_____。

・_____ため、_____。

・_____ため、_____。

すばやく読む1　Speed Reading 1

◇辞書や単語リストを見ないで読んでください。**かかった時間** ＿＿＿＿＿分
◇読み終わったら、質問に答えてください。

 内容を読み取る Reading comprehension

1．❶生きたカエルを朝一番に食べる とは、実際はどのようなことをすることだと本文に
書いてありますか。

＿＿＿＿＿＿＿＿＿＿＿＿＿＿＿＿＿＿＿＿＿＿＿＿＿＿＿＿＿＿＿＿こと

2．筆者にとって「生きたカエルを朝一番に食べる」とは何をすることですか。

＿＿＿＿＿＿＿＿＿＿＿＿＿＿＿＿＿＿＿＿＿＿＿＿＿＿＿＿＿＿＿＿＿＿

＿＿＿＿＿＿＿＿＿＿＿＿＿＿＿＿＿＿＿＿＿＿＿＿＿＿＿＿＿＿＿＿こと

3．筆者は、「生きたカエルを朝一番に食べる」ようにした結果、どのような効果を感じて
いますか。

＿＿＿＿＿＿＿＿＿＿＿＿＿＿＿＿＿＿＿＿＿＿＿＿＿＿＿＿＿＿＿＿＿＿

＿＿＿＿＿＿＿＿＿＿＿＿＿＿＿＿＿＿＿＿＿＿＿＿＿という効果を感じている。

 考えを述べる・広げる Sharing of knowledge

1．今のあなたにとって、❷最も重要で困難さを伴うこと は、何ですか。そして、それを
実行するためには、どのようなことを行うのがいいと思いますか。

2．立てた計画をその通りに実行するために、「生きたカエルを朝一番に食べる」という方
法は有効だと思いますか。それはなぜですか。

30

「生きたカエルを朝一番に食べる」

立てた計画をその通りに実行するのは本当に難しい。計画通りに実行しさえすれば締め切り間際になって慌てなくてもいいし、目標の実現がより早くなる。それを頭ではわかっていても、さまざまな言い訳を作って、先延ばしにしたり、結局、実行しなかったりしがちである。

わたしはさまざまなやり方を試してみたが、"Eat That Frog!" の著者のブライアン・トレーシーの提案する❶「生きたカエルを朝一番に食べる」という方法が最も合っているように思う。これは、朝一番に自分が最も嫌いなことをするという意味ではなくて、朝一番に❷最も重要で困難さを伴うことをする、ということを表している。例えば、朝起きて机に向かった時に、簡単に済ませられるメールの返事をしたりするのではなく、その日にやるべきことを書き出して、その中で達成すべき最も重要なことに手をつける、というのだ。そして、重要なことを行っている時には、他のことも同時に行うのではなく、一度に一つのことに集中するほうがいいという。自分にとって本当に大切だと思えることに集中して、それを、1日の最初に行うべきだというわけである。

わたしは、最初、トレーシーの本を読んだ時、そんな簡単なことで本当に立てた計画通りに実行することができるのだろうかと半信半疑だった。実は、わたし自身は、将来ロシア語でロシア文学を辞書なしで読めるようになることを目標にして、1年ほど前から、毎日やさしいロシア語の文章を1、2ページ読み、単語を覚えるということをやってみた。しかし、何度も実行を試みたが、その度に挫折した。そこで、3か月前から、朝一番にロシア語の文章を読み単語を覚えることを実行してみたところ、毎日続けることができている。今もスラスラと読めるわけではないが、3か月前と比べると辞書を

使う回数が減ったし、読む速度も速くなったように思う。

25　現在のところ、わたしにとってはこの方法が最も効果的だと思える。将来はロシア文学を日本語に翻訳する職業に就きたいと考えているので、これを習慣化して、辞書なしでロシア文学が読めるようになれればと思っている。

すばやく読む2　Speed Reading 2

◇辞書や単語リストを見ないで読んでください。**かかった時間** _____**分**
◇読み終わったら、質問に答えてください。

 内容を読み取る Reading comprehension

1. 筆者は、"The Bullet Journal Method" が他の時間管理術と違う特徴は何だと考えて
いますか。5つ以上挙げてください。

・

・

・

・

・

2. 筆者がこの時間管理術を使ってみた結果、これを勧める理由は何ですか。2つ書いてく
ださい。

・_____

_____から

・_____

_____から

考えを述べる・広げる Sharing of knowledge

1. あなたが普段行っている時間管理の方法で何か工夫していることはありますか。

2. あなたは、この時間管理術を取り入れてみたいと思いますか。また、それはどうしてで
すか。

お勧めの時間管理術

　予定や目標を立てる時には、忘れないよう書き留めておいたほうがいいと言われる。書くことで頭が整理されるし、自分の行動に責任を持つようになるからだ。書くといっても、必ずノートに書かなくてはいけないわけではない。デジタル手帳や付箋に書いてもいいだろう。しかし、わたしは、あえて1冊

5　のノートにペンで書くという方法をお勧めしたい。

　注意欠陥障害（ADD）だったライダー・キャロルは、注意力が散漫になる自分の思考を整理するために、予定だけでなく、すべきことやしたいことを1冊のノートにすべて書くという方法をとった。ノートには全てページ番号を振っておき、最初に、各ページの内容がわかるように「目次」を作る（例

10　1）。次に、月ごとに行う「将来の計画」を書くページを作る（例2）。この「将来の計画」は見開きで半年ごとの計画が書けるようになっている。そして、見開きで「1か月の予定」を書く（例3）。左ページには1か月分の日付を書いたカレンダーページを作って右ページにはその月に行う「タスクのリスト」を書いておく。残りのページには、「毎日の出来事」を記録するペー

15　ジを作り、1日ごとにやるべきことを箇条書きにする（例4）。さらに書きたければ、誕生日や旅行の計画について書いたり、うれしかったことや感謝したいことを記録したり、今年の目標や数年後の目標など長期の目標のページを作ってもいい。この方法は、過去を振り返り、現在の目標を定め、未来を設計するための画期的な方法として、"The Bullet Journal Method" と

20　いう本にまとめられ、世界各国で出版されている。

　ノートに箇条書きにして記録するという方法を1年ごとに1冊のノートにまとめると、1か月ごとや数か月ごとの中期の計画や、日々やるべきことややったことが簡単に管理できるというわけである。この1冊のノートがあれ

ば、スケジュール帳も付箋も要らず、将来の計画も立てられるし、過去のことも振り返ることができる。また、計画が順調に進んでいるかどうかも確認できる。それに、長い文章ではなく箇条書きで書けばいいので、書くことに対する心理的な負担も少ない。

　わたしは、以前は時間管理が苦手だったが、この方法を使ってノートをつけ始めてからは、日々の時間管理だけでなく、月をまたいだ時間管理も容易になった。それだけでなく、将来の夢や計画も意識するようになったし、実現可能になったように感じる。皆さんにもぜひこの方法をお勧めしたい。

（例１）

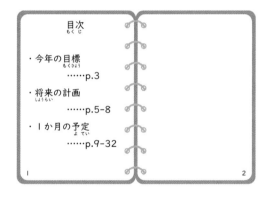

（例２）

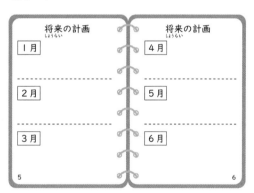

（例３）

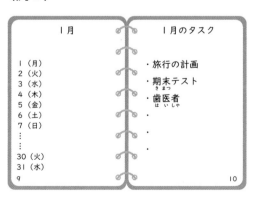

（例４）

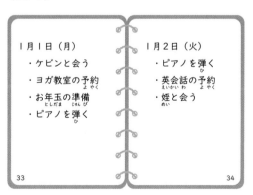

 聞く Listening

レポートの締め切り U1-5
しめきり

話を聞いて、次の質問に答えてください。

 内容を聞き取る Listening comprehension

1．次の内容は、誰のことですか。（　　　）に a. ～ c. を書いてください。
　　ないよう　　だれ

a. 女の人	b. 男の人	c. どちらでもない

1)（　　　）国際関係の期末レポートを書き終わった。
　　　　　　こくさいかんけい　きまつ

2)（　　　）国際関係のレポートのための課題図書をまだ読んでいない。
　　　　　　こくさいかんけい　　　　　　　　かだいとしょ

3)（　　　）パソコンが壊れてしまった。
　　　　　　　　　　　こわ

4)（　　　）国際関係の期末レポートを書くのに３日かかった。
　　　　　　こくさいかんけい　きまつ

5)（　　　）将来、外交官になりたいと思っている。
　　　　　　しょうらい　がいこうかん

6)（　　　）ノートでスケジュール管理している。
　　　　　　　　　　　　　　　かんり

2．男の人は、タスクを管理するためにノートをどのように使っていますか。
　　　　　　　　　　かんり

 考えを述べる・広げる Sharing of knowledge

1．レポートの宿題を完成させる時、あなたはどのような時間管理をしていますか。そのや
　　　　　しゅくだい　かんせい　　　　　　　　　　　　　　じかんかんり
　り方は、この話に出てくる男の人と女の人のどちらに近いですか。

2．男の人は、「ノートはシンプルなのがお勧めだよ」と言っていますが、あなたはどう思
　　　　　　　　　　　　　　　　　　　すす
　いますか。また、それはなぜですか。

発表し、感想を述べる

グループのみんなに自分の目標と時間管理の方法について発表し、それについて感想を述べ合いましょう。

✓ 準備 Preparation

1. このユニットを振り返って、自分の時間の使い方について考えてみましょう。

　　1) _____の重要な目標は何ですか。_____には「Ｘ年後」「今年中」などの期間を入れてください。目標は１つでなくてもいいです。

　　　　_____の目標：

　　2) 1) の目標を達成するために、どのようなスキルが必要ですか。

　　3) 2) のスキルを得るために、今行っている、または、行いたいと思っているタスクは何ですか。

　　4) 3) のタスクを実行するためにどのような時間管理の方法を行っていますか。または、どのような時間管理の方法を行えば、そのタスクが実行できると思いますか。

2. 1.についてグループのみんなに３分程度で話せるようにまとめましょう。

発表と感想 Presenting Thoughts & Ideas

1. 準備で考えたことについて1人ずつ発表し、感想を述べ合いましょう。

> 発表：1人3分
> 感想：20分

1) 3～4人のグループに分かれて、司会者、書記、報告者を決めてください。その後、**準備**で考えたことについて1人ずつ発表しましょう。

2) 1)の後で、発表を聞いた感想を述べましょう。感想を述べる時には、次のことを話してみましょう。

・おもしろい、すごいな、と思ったことは何か

・自分もやってみたいと思ったことは何か

・もっと聞いてみたいことは何か

2. 報告者は、発表とグループで話したことの中で「特に印象に残ったこと」をクラス全員に1～2分で報告してください。

> グループごとの報告：1～2分

司会の表現

1) 始める

- では今から、（時間管理）について話し合いを始めたいと思います。
  司会の〇〇です。どうぞよろしくお願いいたします。
- まず、△△さんの（時間の使い方）について

  | お話を聞かせていただけますか。
  | 話していただけますか。

- 次に、　　| ××さんは、いかがですか。
  続きまして、|

2) 感想を述べ合う
_{かんそう　　の　あ}

◆ ○○さんの話に対して、何か、質問やコメントなどはありますか。

◆ △△さん、どうぞ。

3) 終わる

◆ では、そろそろ時間になりましたので、今日の話し合いはこれで終わりにしたい
と思います。ありがとうございました。

感想を述べる時の表現
_{かんそう　　　の}

1) 考えを伝える
_{つた}

◆ わたしが○○さんの話を聞いて、

おもしろいな	と思ったのは、〜〜です。
すごいな	
わたしもやってみたいな	

◆ わたしは、目標を全然考えていなかったんですが、△△さんの目標は
_{もくひょう}　　　　　　　　　　　　　　　　　　　　　　　　　　　　　_{もくひょう}
　　　具体的だなあ　　　と思いました。
_{ぐ　たいてき}

◆ わたしは、目標のために何もしていないんですが、××さんは、
_{もくひょう}
　　　毎日計画通りにしていてすごいなあ　　　と思いました。

2) 驚きを伝える
_{おどろ　　つた}

◆ へー、そうなんだ／そうなんですね。

◆ わあ、そうなんだ／そうなんですね。

◆ それって | すごい | ですね。
　　　　　　 | すばらしい |

◆ さすが（ですね）。

3) 質問する

◆ すみません、〜〜についてよくわからなかったので、

| もう一度 | 説明していただけますか。 |
| もう少し詳しく | |
_{くわ}

39

4) 確認する
<small>かくにん</small>

- ～～って、
- ～～と言うのは、
- それって、

・・・

ということですか。
という意味ですか。

自己評価 Self-evaluation

☆に色をつけましょう

	評価 <small>ひょうか</small>
1. 自分の考えをわかりやすく発表できたか。 <small>はっぴょう</small>	☆☆☆☆☆
2. 他の人の発表に対して自分の感想が言えたか。 <small>はっぴょう</small>　　　　　<small>かんそう</small>	☆☆☆☆☆
3. 自分の感想をわかりやすく話せたか。 <small>かんそう</small>	☆☆☆☆☆
4. ターンをうまく取ることができたか。（割り込まない、持ちすぎない） <small>わ　こ</small>	☆☆☆☆☆
5. わからないことを聞き返したり確認したりしたか。 <small>き　かえ　　　かくにん</small>	☆☆☆☆☆
6. グループでの話し合いを協力的に進められたか。 <small>はな　あ　　　きょうりょくてき</small>	☆☆☆☆☆
7. 自分の役割（司会・書記・報告者）を果たせたか。 <small>やくわり　しかい　しょき　ほうこくしゃ　　は</small>	☆☆☆☆☆
8. 話し方（声の大きさ、速さ、発音、流暢さ） <small>はや　　　　　　りゅうちょう</small>	☆☆☆☆☆
9. 態度（視線、表情、ジェスチャー） <small>たいど　しせん　ひょうじょう</small>	☆☆☆☆☆
総合評価 <small>そうごうひょうか</small>	☆☆☆☆☆

コメント	

決意表明文を書く
Writing a Statement of
Determination

話す活動を踏まえ、自分の目標と目標達成のための時間管理の方法について作文を書いてみましょう。

◈文のスタイル：だ・である体
◈長さ：800字程度（±10%＝720字〜880字）

 書くときのポイント Key points

1. 話す活動で話した目標と時間管理の方法について振り返りましょう。

2. アウトラインと作文の例を参考にしてアウトラインを作ってみましょう。

例 「夢は外交官 ―外国語の学習と国際関係の専門書を読んでみよう―」

【はじめに】	将来の目標 　　外交官になりたい
【本文】	今までやってきたこと／うまくいったこと→具体的な行動 　・ロシア語　　→授業の他に新聞記事を読む 　　　　　　　　→ロシア人の友達と会話をする やってこなかったこと／うまくいかなかったこと 　　→これからやる具体的な行動計画 　・日本語　　→「NHK ラジオニュース」を毎日聞く 　　　　　　　→「読むらじる。」を週に2つ読む。単語を覚える 　　　　　　　　＊ロシア語の前に日本語を勉強する 　　　　　　　　＊カレンダーにログをつける 　・試験の勉強　　→先生に紹介された国際関係の専門書を読む 　　　　　　　　　→読んだ内容についてブログ記事を書く
【おわりに】	まとめ 　・今からやるべきこと 　・ニュースと専門書を読むことは好き 　・今学期やってみよう

【はじめに】	将来の目標
【本文】	今までやってきたこと／うまくいったこと　→　具体的な行動 やってこなかったこと／うまくいかなかったこと 　→これからやる具体的な行動計画
【おわりに】	まとめ

3. 「だ・である体」に注意して、作文を書きましょう。「だ・である体」の表（別冊 p. 3-4）を確認してください。内容に合うタイトルをつけましょう。

Integrated Japanese (4)　　　　　　　　　　　　　2023 年 10 月 1 日

夢は外交官
―外国語の学習と国際関係の専門書を読んでみよう―

教養学部2年

23-12345678　リナ マイヤー

　高校生の時からのわたしの夢は外交官になることだ。そのため、大学では国際関係を専攻した。外交官になるには、英語以外に2か国語が話せたほうがいいし、世界情勢についての知識を深めて、試験に合格しなければならない。大学1年生の時は授業についていくことに必死で、日本語とロシア語の授業を取る以外は、特別なことはしていなかったが、2年生になったので、今までのやり方を振り返って、もっと具体的に行動していきたいと思う。

　これまでやってきたことはロシア語の勉強で、ロシア語は授業以外に毎週5つの新聞記事を読んで、ロシア人の友達とロシア語で会話もしている。かなり上手になったと思う。新聞記事を読んだ日には、手帳のカレンダーにログをつけているので、記事を1週間読まなかったということはない。

　しかし、日本語は、やろうやろうと思いながら、なかなか手がつけられないでいる。ロシア語のほうが上手になっておもしろく、いつも日本語のほうを後回しにしてしまうので、これからは、ロシア語の勉強をする前に日本語の勉強をしよう（生きたカエルを食べよう）と思う。わたしはリスニングと読解が苦手なので、「NHKラジオニュース」を毎日聞き、「読むらじる。」でニュースの記事を週に2つは読みたい。記事に出てきた新しい単語はノートに書いて覚えるのがいいと思う。やったかどうかの確認は、ロシア語の時と同じように、手帳のカレンダーにログをつけることにする。

　試験のための勉強は、国際関係の授業をがんばる他は、今まで特に何もしていない。だが、試験勉強は3年生になってからでいいと思うので、今学期は、国際関係の授業の時に先生が紹介してくれた本を読むようにしたい。本を読んだあとは、読書のログをつけて、内容をブログに書くのがおもしろそうだ。

　この方法がベストかどうかはわからない。しかし、外国語の勉強と専門書を読むことは、外交官になるという夢に近づく方法だと思う。ニュースと専門書を読むことは好きなので、今学期はこれをやってみようと考えている。　　　　　　（839字）

4. 書式と体裁が整っているか確認しましょう。

・日本語のフォントは明朝体か UD デジタル教科書体を使い、サイズは 10 〜 11 ポイントにしてください。日本語のフォントと中国語のフォントは違うので、気をつけてください。

・ローマ字や数字は半角にするのが一般的です。よく使われるのは Times New Roman や Arial です。

・タイトルは大きめ（14 〜 18 ポイント）に。

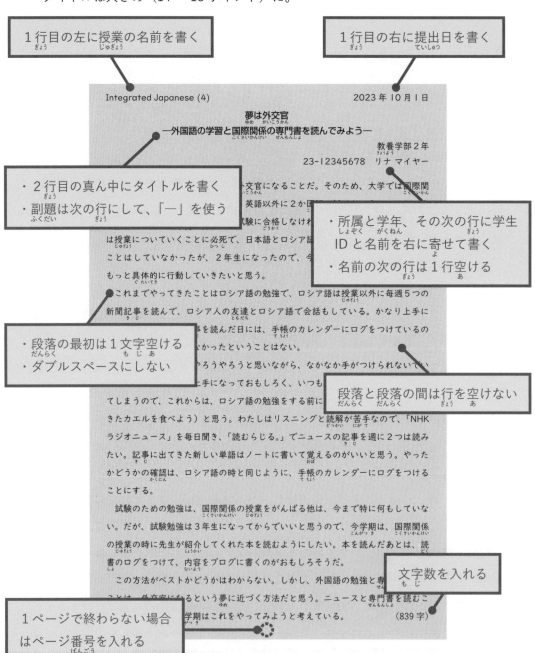

1 行目の左に授業の名前を書く

1 行目の右に提出日を書く

・2 行目の真ん中にタイトルを書く
・副題は次の行にして、「—」を使う

・所属と学年、その次の行に学生 ID と名前を右に寄せて書く
・名前の次の行は 1 行空ける

・段落の最初は 1 文字空ける
・ダブルスペースにしない

段落と段落の間は行を空けない

文字数を入れる

1 ページで終わらない場合はページ番号を入れる

☐ 1. タイトルと自分の名前が書かれているか。

☐ 2. 【はじめに】【本文】【おわりに】の構成になっているか。

☐ 3. 【本文】に、「今までやってきたこと／うまくいったこと」と「具体的な行動」
や「やってこなかったこと／うまくいかなかったこと」と「これからやる具
体的な行動計画」が書かれているか。

☐ 4. ユニットで学習した表現を使っているか。

☐ 5. 字や言葉の間違いがないか。

☐ 6. 「だ・である」体で、800字程度になっているか。

☐ 7. 書式や体裁は整っているか。

データから見る日本の産業

Japanese Industry Perceived Through Data

データに基づいて産業を見るとどんなことが見えるか
What the data tells us about industries

ていねいに読む　Intensive Reading
日本における繊維製品の輸入と輸出
Import and export of textiles in Japan

すばやく読む　Speed Reading
1 輸入に頼る日本のエネルギー
Japan's dependence on imported energy

2 米の需要供給と輸入
Supply, demand, and import of rice

聞く　Listening
生産台数から見る日本の自動車産業
Japan's automotive industry perceived in terms of production volume

話す活動　Speaking Activity
発表する
Presentation

書く活動　Writing Activity
説明文を書く
Writing a Report

このユニットのねらい
1) 統計的なデータが読み取れる。
2) 統計的なデータを使い、説明ができる。
3) データを基に、ある産業について自分の意見を論理的に述べることができる。

Aims of this unit
1) Be able to understand statistical data.
2) Be able to explain using statistical data.
3) Be able to logically state one's opinion on a given industry based on data.

1. 次の a. ～ f. は日本の時代です。1) ～ 6) に当てはまる時代を選んでください。

| a. 昭和 | b. 明治 | c. 大正 | d. 平成 | e. 江戸 | f. 令和 |
| しょうわ | | たいしょう | へいせい | えど | れいわ |

1) 1603 年～ 1868 年　（　　　）　　　　4) 1926 年～ 1989 年　（　　　）

2) 1868 年～ 1912 年　（　　　）　　　　5) 1989 年～ 2019 年　（　　　）

3) 1912 年～ 1926 年　（　　　）　　　　6) 2019 年～　　　　　（　　　）

2. 次の a. ～ d. を時代順に並べてください。
　　　　　　　　　じゅん　なら

a. プラザ合意	b. 第二次世界大戦
ごうい	だいにじせかいたいせん
c. GHQ による管理	d. 高度経済成長期
かんり	こうどけいざいせいちょうき

1) 1939 年～ 1945 年　　　　（　　　）

↓

2) 1945 年～ 1952 年　　　　（　　　）

↓

3) 1955 年～ 1973 年　　　　（　　　）

↓

4) 1985 年　　　　　　　　　（　　　）

3. 言葉について考えましょう。

1) 下の ☐ から関係する言葉を選んでください。

衣料品	穀物	重工業	化学繊維
いりょうひん	こくもつ	じゅうこうぎょう	かがくせんい

① シャツ、セーター、スカート　　　　　　_____

② 米、小麦、トウモロコシ　　　　　　　　_____
　　こめ　こむぎ

③ 機械、自動車、鉄　　　　　　　　　　　_____
　　きかい　じどうしゃ　てつ

④ ナイロン、ポリエステル、レーヨン　　　_____

2) 下の ☐ から反対の意味の言葉を選んでください。
はんたい　　　　ことば　えら

供給	減少	先進	下降
きょうきゅう	げんしょう	せんしん	かこう

① 需要　⇔　_____
　じゅよう

② 増加　⇔　_____
　ぞうか

③ 発展途上国　⇔　_____国
　はってんとじょうこく

④ 上昇　⇔　_____
　じょうしょう

3) 次の a.〜d. のうち、一次産業はどれですか。すべて選んでください。
えら

（　　　　　　　　　　）

a. 漁業	b. 農業	c. 林業	d. 工業
ぎょぎょう	のうぎょう	りんぎょう	

◆ 1回目：辞書や単語リストを見ないで読んでください。**かかった時間** _____ **分**

◆ 2回目：辞書や単語リストで調べた言葉を書いておいてください。

日本における繊維製品の輸入と輸出　🎧 U2-1

❶ 「衣食住」とは、生活の最も基礎となる3つの要素である。このうち「衣」は服や靴下などの衣料品であり、衣料品とそれを作る生地や糸などに加え、化学繊維やその他の二次製品などをまとめて繊維製品という。こうした繊維製品を扱う繊維産業は、大きく製造と販売とに分けられる。このうち

5 製造にあたる繊維工業は、産業が近代化される際、最初に工業化されることが多く、日本でも最も早く近代工業として発展してきた。

明治時代から大正時代にかけて、日本の輸出総額に占める繊維製品の割合は高く、1926年には72.4%に上った（図1）。第二次世界大戦が始まると、戦争とは直接関係のない繊維工業は縮小され、終戦時の1945年には

10 13.9%まで減った。しかし、GHQが繊維産業を戦後の経済復興の中心の一つとしたことにより、1950年には46%にまで回復した。繊維製品の輸出額も増えていった。だが、1950年代半ばに高度経済成長期に入ると、輸出額全体、特に機械類の輸出が増えたことで、その割合は急速に下がり、1965年には18.4%、1975年には10%を切っている（図2）。❷ 1985年

15 のプラザ合意によって円高ドル安が進んだ影響で、輸出額も減っていった。

一方、繊維製品の輸入額も増え続けていた。輸入される繊維製品は、主に

人件費の安いアジア各国からの衣料品である。これは1960年代に入り、ア
ジア各国で繊維産業が急速に工業化すると、価格の安い製品が大量に作られ、
日本にも輸入されるようになったためである。また、日本企業も人件費の安
さからアジア地域に工場を移していったこともある。日本企業の工場であっ　20
ても、海外の工場で作られた製品は輸入品になることから、輸入が増えたの
である。2020年に日本国内で販売された衣料品のうち、数量ベースでは
97.9％、金額ベースでは78.7％が輸入品である（図3）。輸入相手国は、中
国が55.8％と最大を占めており、ベトナム16.4％、それにアジア各国が続
いている（図4）。　25

　プラザ合意以降、輸入が輸出を大幅に上回るようになっていく。1985年
には輸出額も輸入額も約1.5兆円であったが、10年後の1995年には、輸
出額が8,400億円であるのに対し、輸入額は約2.7兆円とほぼ3倍になっ
た。その後も輸出額が横ばいであるのに対し、輸入額は年々増え、現在では
輸出額の約5倍にまでなっている（図5）。　30

　では、❸このまま日本からの繊維製品の輸出は減っていくのだろうか。ヨー
ロッパでは日本で作られた高価格の衣料品が評価されたり、中東では民族衣
装の生地に日本の製品が好まれたりしており、一定数の輸出が続いている。
日本製のジーンズを求めて日本まで足を運ぶ観光客もいる。飛行機や車に使
われる炭素繊維は約6割、NASAの火星探査機着陸用エアバッグにも使われ　35
たポリアリレート繊維は100％、日本製品が世界市場を占めているという。
また、日本政府や繊維業界も新たなビジネスモデルや技術開発などを提案し
ている。こうした時代の変化に合わせ、新たな技術や市場を検討することで、
新しい形での発展が期待できるのではないだろうか。

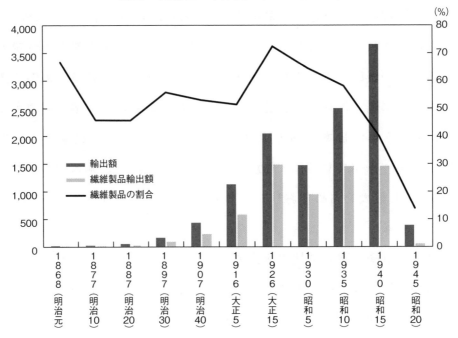

図1　戦前・戦中期の輸出額の推移（単位：百万円）

出典：富吉（2021）「我が国繊維産業の現状」より作成

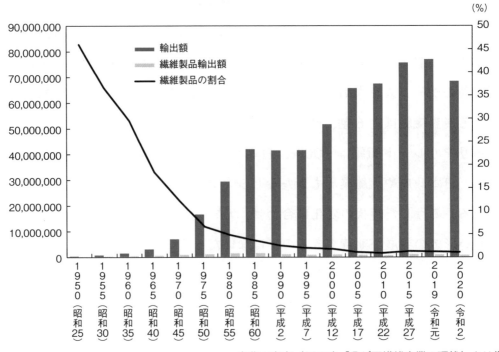

図2　戦後の輸出額の推移（単位：百万円）

出典：富吉（2021）「我が国繊維産業の現状」より作成

図3 日本市場における衣料品輸入浸透率

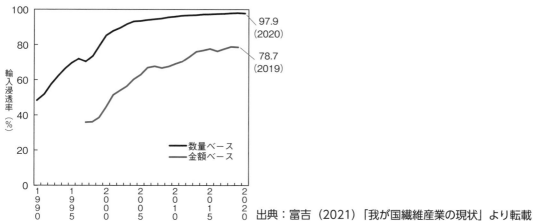

97.9
(2020)

78.7
(2019)

数量ベース
金額ベース

出典：富吉（2021）「我が国繊維産業の現状」より転載

図4 衣料品の輸入先（2020年）

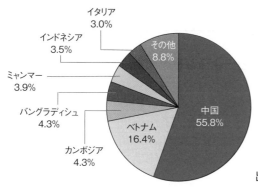

イタリア 3.0%
インドネシア 3.5%
ミャンマー 3.9%
バングラデシュ 4.3%
カンボジア 4.3%
その他 8.8%
ベトナム 16.4%
中国 55.8%

出典：富吉（2021）「我が国繊維産業の現状」より作成

図5 繊維製品の輸出入額の推移（単位：百万円）

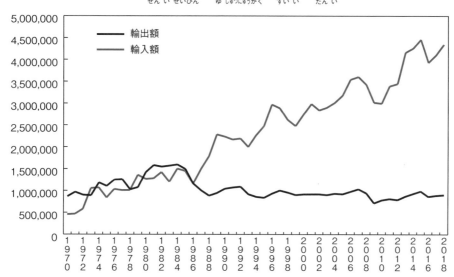

輸出額
輸入額

出典：日本化学繊維協会（n.d.）「統計情報（日本の繊維産業）貿易」より作成

理解チェック Check your understanding

文を聞いて、本文と同じだったら○を、違っていたら×を書いてください。

1)　　　　　2)　　　　　3)　　　　　4)　　　　　5)

内容を読み取る Reading comprehension

1. 第二次世界大戦の間、繊維工業が縮小されたのはなぜですか。
　　だいにじせかいたいせん　　せんい　　しゅくしょう

_____から

2. 高度経済成長期に繊維製品が日本の輸出額に占める割合が低くなったのはなぜですか。
　　こうどけいざいせいちょうき　せんいせいひん　　　ゆしゅつがく　し　　わりあい

_____から

3. 繊維産業について、1960年代のアジアではどのような動きがありましたか。2つ挙げ
　　せんい　　　　　　　　　　　　　　　　　　　　　　　　　　　　　　　　　　　　　　あ
てください。

　　・

　　・

4. ❷1985年のプラザ合意によって円高ドル安が進んだ影響 について、あなたが知って
　　　　　　　　　　　ごうい　　　　　えんだか　やす　　　　えいきょう
いることを答えてください。

　1)「円高ドル安」とは何か、例を挙げて説明してください。
　　　えんだか　やす　　　　　　あ

　2) 円高ドル安が進むと、日本からの輸出が減るのはなぜですか。
　　　えんだか　やす　　　　　　　　　ゆしゅつ　へ

_____から

　3) 円高ドル安が進むと、日本の輸入はどうなりますか。理由と合わせて説明してくだ
　　　えんだか　やす　　　　　　　ゆにゅう　　　　　りゆう
さい。

　　日本の輸入は_____。
　　　　　ゆにゅう

　　なぜなら、_____からだ。

5．❸<u>このまま日本からの繊維製品の輸出は減っていくのだろうか</u> について、次の質問に
答えてください。

1) 筆者は「減る」「減らない」のどちらだと考えていますか。

2) 筆者が 1) のように考えているのはなぜですか。簡単にまとめてください。

考えを述べる・広げる Sharing of knowledge

1．あなたの知っている国・地域の繊維産業について考えましょう。

1) その国・地域では繊維製品は輸出と輸入とどちらが多いですか。

2) その相手国は主にどこですか。

2．❶<u>「衣食住」とは、生活の最も基礎となる 3 つの要素</u> について、次の質問に答えてく
ださい。

1)「食」と「住」は何のことですか。

食 →　　　　　　　　　　**住** →

2) あなたのよく知っている国・地域では「生活の最も基礎となる要素」として挙げら
れるものは何ですか。

3) 日本語では「衣食住」の順番ですが、これはなぜだと思いますか。

すばやく読む1　Speed Reading 1

◇辞書や単語リストを見ないで読んでください。**かかった時間** _____**分**
◇読み終わったら、質問に答えてください。

内容を読み取る　Reading comprehension

1．本文の内容と合っているものに○、違っているものに×をつけてください。

1)（　　　　）原油、石炭、液化天然ガスは、再生可能エネルギーと呼ばれている。

2)（　　　　）原子力は再生可能エネルギーである。

3)（　　　　）日本は化石燃料のほぼ100%を輸入に頼っている。

4)（　　　　）日本の一次エネルギーにおいて原油が占める割合が一番多い。

5)（　　　　）日本は原油の9割以上を中東から輸入している。

6)（　　　　）筆者は、日本は再生可能エネルギーをもっと増やすべきだと考えている。

2．化石燃料を輸入に依存することでどのような問題がありますか。2つ挙げてください。

　　・＿＿＿＿＿＿＿＿＿＿＿＿＿＿＿＿＿＿＿＿＿＿＿＿＿＿

　　・＿＿＿＿＿＿＿＿＿＿＿＿＿＿＿＿＿＿＿＿＿＿＿＿＿＿

考えを述べる・広げる　Sharing of knowledge

1．あなたがよく知っている地域・国では、化石燃料を輸出していますか、輸入していますか。その状況を調べ、説明してください。

2．あなたのよく知っている地域・国の「一次エネルギー」の輸出入の割合などの状況を調べ、説明してください。

輸入に頼る日本のエネルギー

　毎日の生活に欠かせない電気やガスなどのエネルギーは、原油、石炭、液化天然ガス（LNG：Liquefied Natural Gas）といった化石燃料のほか、太陽光、風力、水力、地熱などの再生可能エネルギーや原子力などから作られている。では、日本はどのようなエネルギーを利用しているのだろうか。

　電気やガスに加工される前の状態のエネルギーは「一次エネルギー」と呼ばれている。図1は、日本が利用する一次エネルギーの割合を示したグラフである。1973年は94%が化石燃料で、中でも原油は全体の4分の3を占めていた。これが2021年は化石燃料への依存度は83.2%となっており、原油は36.3%にまで下がっている。これは1973年にオイルショックが起こって以降、日本政府が化石燃料への依存度を下げようと努めたことが主な理由である。だが、いまだに化石燃料への依存度が高いことに変わりはない。図2の2021年の化石燃料の輸入先のグラフを見ると、いずれも海外に依存している割合が100%に近い。輸入先はさまざまであるものの、原油は、91.9%を中東地域から輸入している。

　だが、化石燃料を輸入に依存することには問題がある。まず、輸入先の社会情勢に日本が影響を受けることである。中東地域は社会情勢が安定しているとは言えず、万一、問題が起これば原油が輸入できなくなるおそれがある。また、市場の変化による経済的影響も考えられる。たとえばLNGは、近年、世界的に需要が高まり価格が上昇したため、日本のLNGの輸入額が増加している。

　このように、化石燃料の大部分を輸入に頼ることは、国外の情勢によって大きな影響を受けるおそれがある。しかし、化石燃料を利用する限り、輸入に頼り続けることになるだろう。そこで、エネルギーを安定して確保するに

は、価格交渉のために輸入先の国々とよい関係を保つことや、新たな輸入先
25 を増やすことが必要だろう。また、再生可能エネルギーへの転換を図るなど
の対策も進めていかなければならないのではないだろうか。

図1　日本の一次エネルギー供給構成の推移

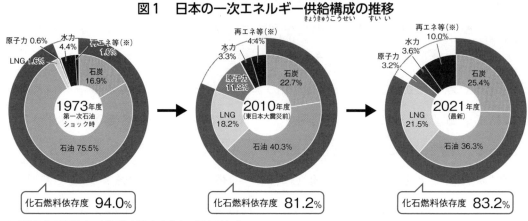

※四捨五入の関係で、合計が100%にならない場合がある。
※再エネ等（水力除く地熱、風力、太陽光など）は未活用エネルギーを含む。

出典：経済産業省 資源エネルギー庁（n.d.）「日本のエネルギー 2022 版」より転載

図2　日本の化石燃料輸入先（2021 年）

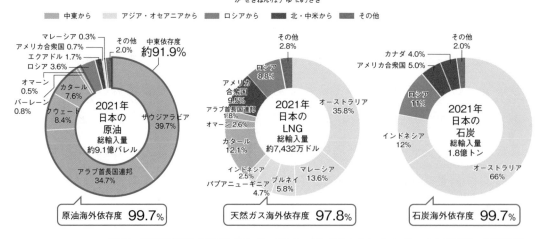

出典：経済産業省 資源エネルギー庁（n.d.）「日本のエネルギー 2022 版」より転載

すばやく読む2　Speed Reading 2

◇辞書や単語リストを見ないで読んでください。**かかった時間**　＿＿＿＿＿＿分
　　じしょ
◇読み終わったら、質問に答えてください。

　内容を読み取る Reading comprehension

1. 日本の米の需要供給と輸入について、正しいほうに○をつけてください。
　　　　こめ　　じゅようきょうきゅう　　ゆにゅう

　　1) 日本は海外から米を輸入 ［　している　／　していない　］。
　　　　　　　　　　こめ　ゆにゅう

　　2) 日本では米を自給 ［　できている　／　できていない　］。
　　　　　　　　こめ　じきゅう

　　3) 日本には需要に応じた量の米が ［　ある　／　ない　］。
　　　　　　　　じゅよう　おう　　りょう　こめ

　　4) 今、日本では米が昔よりもたくさん食べられて ［　いる　／　いない　］。
　　　　　　　　　　こめ　むかし

　　5) 今、日本では米の供給は ［　十分である　／　十分ではない　］。
　　　　　　　　　　こめ　きょうきゅう

2. なぜ、日本は米を輸入しているのですか。
　　　　　　　　こめ　ゆにゅう

　考えを述べる・広げる Sharing of knowledge

<u>供給量が十分であっても輸入しないわけにはいかない</u> ことについて考えましょう。
きょうきゅうりょう　　　　　　　ゆにゅう

　　1) あなたがよく知っている地域や国では、<u>供給量が十分であっても輸入しないわけに</u>
　　　　　　　　　　　　　ちいき　　　きょうきゅうりょう　　　　　ゆにゅう
　　　　<u>はいかない</u>品目がありますか。それはどのような理由から輸入することになったの
　　　　　　　　　ひんもく　　　　　　　　　　　　　　　　　　りゆう　　ゆにゅう
　　　　ですか。

　　2) 国際的な動きによって、必要がないのに輸入しなければならない品目があることに
　　　　こくさいてき　　　　　　　　　　　　ゆにゅう　　　　　　　　　ひんもく
　　　　ついて、どう思いますか。

59

米の需要供給と輸入

　日本の農業の問題の一つに、生産量が需要に対して十分でなく、食料自給率が低い点が挙げられる。そのため、海外から輸入しなければならない食料品も多い。日本人の主食と言われる米もまた、海外から年間約77万tを輸入している。

5　しかし、米は昔から日本で自給できている数少ない農産物の一つである。図1は、2009年から2021年の日本国内の米の需要量と生産量、および在庫量を示したグラフである。これを見ると、全体に米の需要は生産量をやや上回るものの、在庫量を合わせれば需要に見合うだけの米はあり、決して足りていないわけではない。また、図2は、日本人一人当たりの1年間の米の消費量を示したグラフである。このグラフによれば、1962年に日本人は一人で年間約120kgもの米を消費していたが、2020年の消費量は半分以下になっている。つまり、米の需要は大きく減少しているのである。

　このような状況であるにも関わらず、なぜ、日本は米を輸入しているのだろうか。

15　それは、1994年のガット・ウルグアイ・ラウンド交渉で、日本が米の輸入義務を受け入れることに合意したためである。この時、世界では農産物の輸入を制限せず、どの農産物も例外なく関税化しようという動きがあった。しかし、日本にとって米は自給ができる唯一の穀物であることから、例外を認めさせようと交渉を行ったが、完全には認められなかった。その結果、日

20本は、最低限の量の米を輸入するという合意に至ったのである。

　このように、日本には、国内の供給量不足のため輸入に頼らざるを得ない品目がある一方、米のように、供給量が十分であっても輸入しないわけには

いかない品目もある。この米の例に見られるように、何を輸入するかは国内
の需要と供給のバランスだけではなく、国際的な動きも関係するのである。

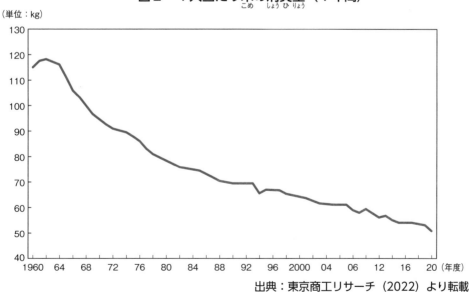

図1　米の需給の動き

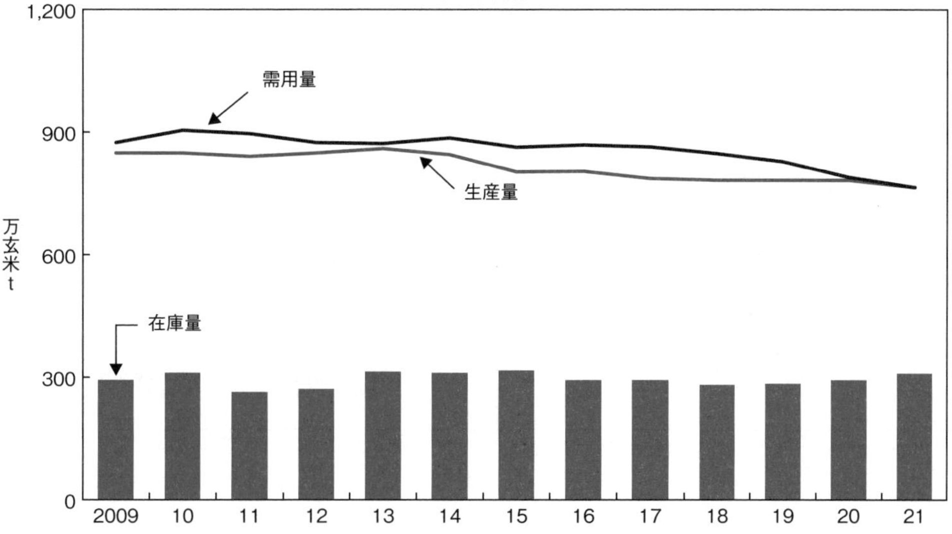

出典：矢野恒太記念会編（2022）『日本国勢図会 2022/23』より転載

図2　1人当たり米の消費量（1年間）

出典：東京商工リサーチ（2022）より転載

生産台数から見る日本の自動車産業
<small>だい すう　　　　　　　　　じ どうしゃ</small>

U2-5

スライドを見ながら発表を聞いて、次の問題に答えてください。
<small>はっぴょう</small>

1

生産台数から見る日本の自動車産業

Intensive Japanese II
2023年11月10日
東大 花子

2 図1 自動車（四輪車）生産台数（2022年）

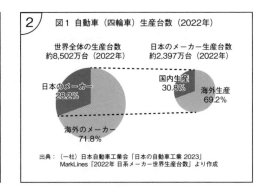

世界全体の生産台数
約8,502万台（2022年）

日本のメーカー生産台数
約2,397万台（2022年）

日本のメーカー 28.2%
海外のメーカー 71.8%

国内生産 30.8%
海外生産 69.2%

出典：（一社）日本自動車工業会「日本の自動車工業 2023」
MarkLines「2022年 日系メーカー世界生産台数」より作成

3 図2 日本のメーカー別生産台数（2022年）

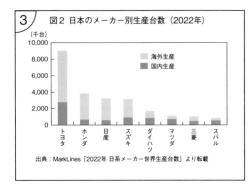

出典：MarkLines「2022年 日系メーカー世界生産台数」より転載

4 図3 日本のメーカーの生産台数の推移

出典：（一社）日本自動車工業会 Active Matrix Database System より作成

5 図4 自動車保有台数の推移

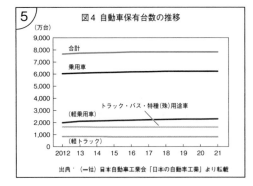

出典：（一社）日本自動車工業会「日本の自動車工業」より転載

6

なぜ自動車の海外生産が多いのか

1．日本国内の市場はこれ以上拡大が見込めないから
　（少子高齢化、若者の自動車離れ）

2．海外のほうが人件費が安いから

3．海外で販売する車は現地で生産したほうが
　有利だから

内容を聞き取る Listening comprehension

1. 話の内容と合っているものに○、違っているものに×をつけてください。

1)（　　　　）2022 年、日本の自動車メーカーは世界全体で生産された自動車のうち、半分以上を生産した。

2)（　　　　）2022 年、日本の自動車メーカーは、日本国内で約3割、海外で約7割を生産していた。

3)（　　　　）2022 年、トヨタとホンダと日産の中では、日産が一番多く海外で生産していた。

4)（　　　　）1993 年から 2022 年までの国内自動車生産は増加し続けている。

5)（　　　　）発表者は日本メーカーの電気自動車の生産台数は少ないと考えている。

2. 日本の自動車メーカーの海外生産が増加した理由を3つ挙げてください。

1) ＿＿＿＿＿＿＿＿＿＿＿＿＿＿＿＿＿＿＿＿＿＿と予測されているから

2) ＿＿＿＿＿＿＿＿＿＿＿＿＿＿＿＿＿＿＿＿＿＿ほうが安く作れるから

3) ＿＿＿＿＿＿＿＿＿＿＿＿＿＿＿＿＿＿＿＿＿＿ほうが有利だから

 考えを述べる・広げる Sharing of knowledge

あなたがよく知っている地域・国で、昔は地域内や国内で多く生産していたが、今は海外から輸入されるようになったものはありますか。どうしてそのように変化したか理由も説明してください。

発表する Presentation

あなたのよく知っている国・地域の産業の「これまでとこれから」について、データを使って報告しましょう。

◇発表時間：5分　質疑応答：3分　合計：8分
◇スライド：カバー＋ データ ＋ 資料の URL

 準備 Preparation

1．あなたのよく知っている国・地域の産業を1つ選びましょう。

1）どの国・地域のどのような産業を報告しますか。

2）選んだ産業は、その国・地域ではどのような位置づけですか。

2．選んだ産業を報告するタイトルを考えましょう。

3．選んだ産業を報告するためのデータやレポートをタイトルに合わせて調べましょう。

1）「これまで」を説明するためのデータ

2）「これから」を示すデータやレポートなど

4．選んだ産業の「これから」について、あなたの考えを1文でまとめましょう。

5. アウトラインを書きましょう。

	報告する内容 ほうこく　ないよう	スライド
【はじめに】	報告する産業とトピック ほうこく 日本の繊維産業の輸出入 せんい　　ゆしゅつにゅう 選んだ産業の位置づけ えら　　　　い　ち 戦前は輸出額に占める割合が一番 せんぜん　ゆしゅつがく　し　わりあい 今は割合は多くない。輸入のほうが多い わりあい　　　　ゆにゅう	①発表のタイトル はっぴょう 　自分の名前 　発表する日 はっぴょう 　授業名 じゅぎょう
【本文】	これまで 戦前のピークでは 72.4% せんぜん 終戦時は 13.9%、戦後は 46% しゅうせんじ 高度経済成長期に重工業化で輸入に占め こうどけいざいせいちょうき　じゅうこうぎょうか　ゆにゅう　し る割合が減ったが、輸出額は増えていた わりあい　へ　　　　ゆしゅつがく　ふ プラザ合意後、円高ドル安で輸出額減 ごうい　　えんだか　やす　ゆしゅつがくげん バブル崩壊で輸入品が増えた ほうかい　ゆにゅうひん　ふ 現在 アジアからの輸入品が多い ゆにゅうひん 人件費が安い、日本の企業の海外工場 じんけんひ　　　　　　きぎょう 中国 55.5%、ベトナム 16.4% これから ヨーロッパや中東への輸出が続いている ゆしゅつ 日本製のジーンズも人気 せい 高性能な繊維は日本製が約 6 割 こうせいのう　せんい　せい　やく　わり 新たなビジネスモデルや技術開発 あら　　　　　　　　　ぎじゅつかいはつ	②全輸出額 ぜんゆしゅつがく 　繊維製品の輸出額 せんいせいひん　ゆしゅつがく 　割合のグラフ ③輸出額と輸入額のグラフ ゆしゅつがく　ゆにゅうがく ④衣料品で輸入品が占める いりょうひん　ゆにゅうひん　し 　割合のグラフ わりあい 　輸入先のグラフ ゆにゅうさき ⑤人気のある日本の製品 せいひん 　政府や業界の提案 せいふ　ぎょうかい　ていあん
【まとめ】	自分の意見や考え 時代の変化に合わせて、新たな技術を開 あら　　かい 発したり、市場を探したりする はつ　　しじょう	⑥自分の意見 ⑦参考 URL さんこう

	報告する内容	スライド
【はじめに】	報告する産業とトピック 選んだ産業の位置づけ	
【本文】	これまで 現在 これから	
【まとめ】	自分の意見や考え	参考 URL

6.「聞く」の資料（p. 62-63）を参考にして、スライドを作りましょう。

質疑応答で使える表現
しつぎおうとう

発表した人＝A　質問する人＝B、C
はっぴょう

1) 発言の許可を得る
はつげん きょか え

2) 発表のお礼を言う
はっぴょう れい

3) 何をどれだけ言う
か伝える
つた

4) 質問したい箇所と
かしょ
内容を伝える
ないよう つた

A：以上で報告を終わります。ご意見、ご質問などありましたら、
ほうこく
よろしくお願いいたします。
ねが
B：はい、いいですか。
A：Bさん、どうぞ。
B：興味深いご報告をありがとうございました。ご報告について、
きょうみ ぶか ほうこく ほうこく
2つ質問させてください。まず、2枚目のスライド、戦前の
まい せんぜん
輸出額のグラフですが、○○がないのですが、これはどう
ゆしゅつがく
だったかわかるでしょうか。それから、スライドの4枚目の
まい
グラフの説明の言葉ですが、字が小さくて見えなかったので、
ことば
何と書いてあったか教えていただけるとうれしいです。

5) 質問・意見のお礼
を言う

6) 答えられない理由
を述べる

7) 確認する

8) 発表の内容を確認
する

9) 自分の意見を述べ
る

10) 相手の意見を求
める

11) 反論する

12) 発表を終わらせ
る

A：ご質問、ありがとうございます。まず、2枚目のスライド、
こちらですね。

すみません、○○のデータは見つけられませんでした。それ
から、4枚目のスライドの××ですね、これは△△です。以
上でよろしいでしょうか。

B：はい、ありがとうございました。

C：すみません、いいですか。

A：はい、Cさん。

C：興味深い発表をありがとうございました。「これから」につ
いて「政府の対策がある」とおっしゃっていましたよね。で
も、それは本当にできることなんでしょうか。わたしの国で
は【説明】なんです。なので、政府の対策だけでは難しいの
ではないかと思うんですが、いかがでしょうか。

A：貴重なご意見をありがとうございます。確かに、そういうこ
ともあると思います。ですが、ご説明した通り、この対策は
政府だけではなく、業界も一緒にやっていくことです。なの
で、期待できるのではないかと思っています。これでお答え
になっているでしょうか。

C：はい、ありがとうございました。

A：以上でよろしいでしょうか。みなさん、ご清聴ありがとうご
ざいました。

その他の表現例

1) 発言の許可を得る

◆ すみません、一ついいですか。

◆ あの、質問してもいいですか。

2) 発表のお礼を言う

◆ 興味深いご発表をありがとうございました。

◆ 貴重なご報告をありがとうございました。

3) 何をどれだけ言うか伝える

◆ 質問が2つあるんですけれど、いいですか。

◆ ○○のところで、一つ思ったんですけれど……

4) 質問したい箇所と内容を伝える

◆ ○○のところで「～～」とおっしゃっていましたが、……

◆ ○○について、～～となっていましたが、……

5) 質問・意見のお礼を言う

◆ ご意見、ありがとうございました。

6) 答えられない理由を述べる

◆ それについては調べませんでした。

◆ それは全然考えませんでした。

◆ 勉強不足で、すみません。

7) 確認する

◆ 今の説明で大丈夫でしょうか。

◆ これでお答えになっているでしょうか。

8) 発表の内容を確認する

◆ ○○は～～ということでしたが、……

◆ ○○なんですけれど、これは～～ということでしょうか。

9) 自分の意見を述べる

◆ わたしは～～ではないかと思うんですが

◆ ○○ではないでしょうか。

10) 相手の意見を求める

◆ これについてはどう思われますか。

◆（発表者）さんのお考えを聞かせてください。

11) 反論する

◆ そのような考え方もできるかと思います。でも……

◆ おっしゃることはわかります。ですが……

12) 発表を終わらせる

◆ そろそろ時間ですね。

◆ では、ここまでといたします。

説明文を書く Writing a Report

あなたのよく知っている国・地域の産業の「これまでとこれから」について、データを使って説明しましょう。発表とトピックやデータが同じでなくてもいいです。

◇文のスタイル：だ・である体
◇長さ：800 字程度（± 10% = 720 字〜 880 字）
　　グラフ、引用文献は文字数に含めない

 書くときのポイント Key points

1. あなたのよく知っている国・地域の産業を１つ選び、次の３点について説明してください。

    1) なぜその産業を選んだのか簡単に説明してください。

    2) その産業の「これまで」について簡単に説明してください。

    3) その産業の「これから」について簡単に説明してください。

2. 選んだ産業を報告するためのデータやレポートを調べましょう。
    1)「これまで」を説明するためのデータなど

    2)「これから」についてのデータなど

3. 選んだ産業の「これから」について、あなたの考えを１文でまとめましょう。

4. アウトラインを考えましょう。

【例】

	報告する内容	引用文献
【はじめに】	報告する産業とトピック 自動車産業：日本国内と海外の自動車生産台数の変化 なぜその産業を選んだのか 自動車産業は盛んで、日本の重要な産業の一つだから	
【本文】	これまで 1993年から2022年の間、 ・国内の生産台数は横ばいからやや減少してきた ・海外の生産台数は伸び続け、ピークの2018年には、1993年の4倍以上（約2,000万台）を生産した 現在 ・海外生産の割合は、1993年の27.9%から2022年には69.1%へと徐々に伸びている 変化の理由 ・日本国内の市場は小さくなった ・海外で販売する車は、現地で生産したほうがいい ・海外のほうが安く作れる	日本自動車工業会　統計データ https://jamaserv.jama.or.jp/newdb/ 日本自動車工業会（2023）「日本の自動車工業」 https://www.jama.or.jp/library/publish/mioj/ebook/2023/MIoJ2023_j.pdf
【まとめ】	これから／自分の意見や考え 海外に技術を移転するための国内のマザー工場が重要になる	徐寧教（2012） ソヨンキョ

	報告する内容	引用文献
【はじめに】	報告する産業とトピック なぜその産業を選んだのか	
【本文】	これまで 現在 変化の理由	
【まとめ】	これから・自分の意見や考え	

5. アウトラインを使い、作文の例も参考にしつつ、作文を書きましょう。内容に合うタイトルをつけましょう。

Integrated Japanese (4)   2023 年 10 月 1 日

日本の自動車メーカーの日本国内と海外の自動車生産台数の変化

教養学部 3 年

23-78091805　パク ミンジン

　日本では高度経済成長期に自動車産業が盛んになり、その後も日本の重要な産業の一つとなっている。だが、最近は日本の自動車メーカーは日本国内ではなく、海外工場で自動車を生産しているという。そこで、このレポートでは、日本の自動車メーカーの生産台数に注目し、その変化の理由と自動車産業のこれからについて考えたい。

　これは日本の自動車メーカーの生産台数の推移を示したグラフである。国内の自動車生産台数は、1993 年から 2008 年までは横ばいで、2009 年からは減少している。一方、海外の生産台数は伸び続け、ピークの 2018 年には、1993 年の 4 倍以上（約 2,000 万台）を生産している。国内と海外の生産台数の割合を見ると、海外生産の割合は、1993 年の 27.9% から 2022 年には 69.1% へと徐々に伸びており、今後も増えることが予想される。

　なぜ日本の自動車メーカーは海外で自動車を製造するようになったのだろうか。その理由は 3 つあると考えられる。まず、日本の自動車市場が小さくなっているからだ。高齢化が進む日本では、高齢を理由に運転をやめる人が増えている。また、若者も車に興味を持たなくなったと言われている。次に、海外で販売する車は、現地で生産したほうがいいからだ。注文後すぐ生産できるし、輸送費も少なくてすむ。そして、海外のほうが人件費が安く、車を安く作ることができる。このため、工場を海外に移転させるようになったのだ。

　では、日本国内の工場はなくなってしまうのだろうか。徐（2012）によれば、海外に工場を作る時に重要なのが、マザー工場だという。マザー工場とは、海外工場に技術などを教えたりサポートしたりするための国内工場である。海外に工場が移転されたとしても、マザー工場としての国内工場は必要なので、日本から自動車工場がなくなることはないだろう。むしろ、マザー工場を中心として、自動車工場はこれからも発展していくのではないだろうか。

（811 字）

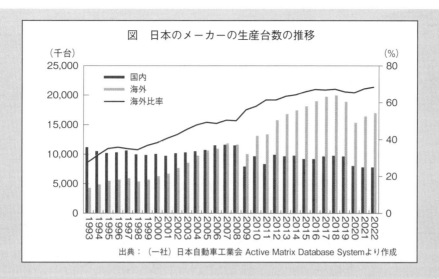

図　日本のメーカーの生産台数の推移

出典：（一社）日本自動車工業会 Active Matrix Database Systemより作成

【引用文献】

徐寧教（2012）「マザー工場制の変化と海外工場—トヨタ自動車のグローバル生産センターとインドトヨタを事例に—」『国際ビジネス研究』第4巻第2号, p.79-91

一般社団法人日本自動車工業会 Active Matrix Database System

　　https://jamaserv.jama.or.jp/newdb/

Unit 2　データから見る日本の産業

- □ 1．タイトルと自分の名前が書かれているか。
- □ 2．【はじめに】になぜこのトピックを選んだのかが書かれているか。
- □ 3．【本文】にその産業の「これまで」から「現在」がデータを使ってわかりやすく書かれているか。
- □ 4．【本文】に変化の理由が書かれているか。
- □ 5．【まとめ】としてその産業の「これから」が書かれているか。
- □ 6．ユニットで学習した表現を使っているか。
- □ 7．字や言葉の間違いがないか。
- □ 8．「だ・である体」で、800字程度になっているか。
- □ 9．指定された形式（文のスタイルなど）になっているか。
- □ 10．書式や体裁は整っているか。
- □ 11．引用文献リストをつけたか。

町中のカメラ
まち なか
Cameras in Town

安全とプライバシー、どちらが大切か
Which is more important, safety or privacy?

ていねいに読む　Intensive Reading
そのカメラは何のため？
What is that camera for?

すばやく読む　Speed Reading
1 そのカメラはプライバシーの侵害では？
しん がい
Isn't that camera an invasion of privacy?

2 防犯カメラ設置は安心安全に欠かせない
ぼう はん　せっ ち　か
Installing security cameras is essential for safety and security

聞く　Listening
安全とプライバシーのバランス
Balancing safety and privacy

話す活動　Speaking Activity
ディベートをする
Debate

書く活動　Writing Activity
意見文を書く
Writing Opinions

このユニットのねらい
1) ある議論の利点と欠点を整理し、比較することができる。
2) ある議論について賛成か反対いずれかの立場をとり、根拠を示しながら主張することができる。
3) 自分の主張への反論に対して、反駁（rebuttal/counterargument）することができる。

Aims of this unit
1) Be able to sort and compare the advantages and disadvantages of an argument.
2) Be able to take a position and argue either for or against a given argument while showing evidence.
3) Be able to make rebuttals/counterarguments against refutations of one's own argument.

1. 町中にあるカメラの例を３つ挙げてください。また、それぞれのカメラの目的は何ですか。
_{まちなか} _あ

2. 町中のカメラについて、カメラがあって「よかった」「びっくりした」「うれしくなかった」という経験がありますか。聞いた話でもかまいません。
_{まちなか}

3. 町中のカメラに関するニュースで、クラスメートと共有したいニュースはありますか。
_{まちなか} _{きょうゆう}

4. （　　　　）に入る最も適当な言葉を a. 〜 e. から選んでください。言葉は一度だけ使えます。
_{てきとう} _{ことば} _{えら} _{ことば}

a. 監視	b. 観察	c. 撮影	d. 防止	e. 侵害
かんし	かんさつ	さつえい	ぼうし	しんがい

1) 万引きを（　　　　）するためカメラを設置している店が多い。
_{まんび} _{せっち}

2) このカメラは、客が買い物中にどのような行動をするかを（　　　）するためにつけられている。

3) 人の携帯電話を許可なく見ることは、その人に対するプライバシーの（　　　）になる。
_{けいたい} _{きょか}

4) あの建物は関係のない人が入らないか、カメラで 24 時間（　　　）している。
_{かんけい}

5) この場所は景色がきれいなので、よく映画の（　　　）場所になることがある。
_{けしき}

ていねいに読む　Intensive Reading

◆1回目：辞書や単語リストを見ないで読んでください。**かかった時間** ＿＿＿＿分

◆2回目：辞書や単語リストで調べた言葉を書いておいてください。

そのカメラは何のため？　🎧 U3-1

　「ビッグ・ブラザーがあなたを見ている」と書かれたポスターが町中に貼られ、「テレスクリーン」という装置によって政府が国民を監視する社会。そんな社会をジョージ・オーウェルは小説『1984年』の中で描いた。1949年のことである。「テレスクリーン」という名前ではないが、今、わたしたちの生活を撮影するカメラは町のいたるところに設置されており、日 5
常の光景となっている。

　1)これらのカメラは「防犯カメラ」、もしくは、「監視カメラ」と呼ばれる。2)前者の言葉からは、あなたを犯罪から守り、安心と安全をもたらすよい機械だというニュアンスが読み取れる。一方、3)後者には、あなたのプライバシーを侵害する悪い機械であるというニュアンスがある。同一のカメラが、10
ニュアンスの異なる言葉で言い表されるのは、カメラを設置する人の意図やカメラに映される人がそのカメラをどう捉えるかが異なるからだろう。

　店のレジの周りを映せるよう設置されたカメラを例に考えてみよう。カメラを設置した店長は、「カメラがあることで犯人に犯罪を起こす気持ちをなくさせる効果がある。犯罪の防止になる」と言うだろう。加えて、「強盗に 15
襲われた時犯罪の捜査のためにカメラの映像を使うことができる」とカメラ

設置の理由を主張するかもしれない。では、店員の視点から ₄₎そのカメラを見た場合はどうだろうか。店長が言うように「防犯のため」とも言えるが、店員にレジからお金を盗まれないように観察するためだと捉えると、「自分は監視されている」と思うかもしれない。このように、❶店員から見れば、そのカメラは防犯カメラとも監視カメラともなり得る。

では、カメラが本当に適切に設置されているのか、それとも、プライバシーを侵害しているのかは、どのような基準で判断すればいいのだろうか。

最も大事な点は設置の「目的」が正しいかどうかだろう。例えば、レジを映すカメラであれば、「₅₎そこにはお金があって、店の中で一番犯罪が起きやすい場所だから必要なのだ」と目的の正当性を主張できるだろう。また、レジの周りだけを映しているのであれば、「映す場所や範囲の適切さ」という点からも問題はないと言える。そして、「カメラがあることが人々にわかるように表示されている」ことも大切だろう。いわゆる隠し撮りはプライバシーの侵害になる可能性が高いが、事前に知らされているのなら、プライバシーの侵害とは見なされにくい。さらに、「撮影された映像を誰がどのぐらい見るか」もプライバシーの侵害の判断基準になる。何か問題が起きた時に確認する程度ならいいかもしれないが、店長が長時間モニターで映像を見ているとしたら、店員に対するプライバシーの侵害になるおそれがある。これらはすべて、カメラを設置して運用する人が気をつけなければならない点で、設置前に決めておかなければならない。

さて、『1984 年』では、オーウェルは「テレスクリーン」の目的を人々のプライバシーを侵害する「監視」であると見なした。あなたは、あなたの周りにあるカメラを、安心と安全をもたらす「防犯」と見なすか、プライバシーを侵害する「監視」と見なすか、どちらだろうか。

内容を読み取る Reading comprehension

1. 〜〜〜〜の言葉がどういう意味か、本文の言葉を使って説明してください。

1) これらのカメラ ＿＿＿＿＿＿＿＿＿＿＿＿＿＿＿＿＿＿カメラ

2) 前者 ＿＿＿＿＿＿＿＿＿＿＿＿＿＿＿＿＿＿＿＿＿

3) 後者 ＿＿＿＿＿＿＿＿＿＿＿＿＿＿＿＿＿＿＿＿＿

4) そのカメラ ＿＿＿＿＿＿＿＿＿＿＿＿＿＿＿＿＿＿＿カメラ

5) そこ ＿＿＿＿＿＿＿＿＿＿＿＿＿＿＿＿＿＿＿＿＿

2. 小説『1984 年』の「テレスクリーン」について次の質問に答えてください。

1)「テレスクリーン」は、わたしたちの生活にとってよいものとして書かれていますか、よくないものとして書かれていますか。

＿＿＿＿＿＿＿＿＿＿＿＿＿＿＿＿＿＿＿＿＿＿＿として書かれている。

2) それは本文のどの言葉からわかりますか。

3. 「防犯」と「監視」からどのような意味が読み取れると書かれていますか。

防犯 ＿＿＿＿＿＿＿＿＿＿＿＿＿＿＿＿＿＿＿＿＿

監視 ＿＿＿＿＿＿＿＿＿＿＿＿＿＿＿＿＿＿＿＿＿

4. 下線❶について、店員から見たらどうして防犯カメラ、監視カメラの両方の意味になるのですか。

79

5. カメラを設置する前にどのようなことに気をつけなければならないと書かれていますか。
4つ挙げてください。

1)

2)

3)

4)

🎧 考えを述べる・広げる Sharing of knowledge

1. この文章を読んで、町中のカメラに対する印象は変わりましたか。また、その理由を書いてください。

町中のカメラに対する印象は 〔 変わった ／ 変わらない 〕。

理由：

2. 町中のカメラにはどのようなものがあるか、1つ挙げてください。そしてそのカメラは、設置前に気をつけるべき4つの点が満たされているか、分析してください。

どこにあるカメラか ＿＿＿＿＿＿＿＿＿＿＿＿＿＿＿＿＿＿＿＿

1) --

2) --

3) --

4) --

3. 町中で、「こんなところにあるのか」とびっくりするようなところにあるカメラを知っていますか。それはどこですか。そのカメラについてあなたはどう思いますか。

すばやく読む1　Speed Reading 1

◈辞書や単語リストを見ないで読んでください。**かかった時間** ＿＿＿＿＿**分**
◈読み終わったら、質問に答えてください。

内容を読み取る　Reading comprehension

1. 筆者の「会社員」は、次のことに賛成していますか、反対していますか。

　　1) 駅や公園、道路、お店などにカメラがあること　　　　〔　賛成　／　反対　〕

　　2) 銭湯の男湯の脱衣所にカメラを設置すること　　　　　〔　賛成　／　反対　〕

　　3) 銭湯の女湯の脱衣所にカメラを設置すること　　　　　〔　賛成　／　反対　〕

2. ❶非常に驚いた とありますが、この人は何に驚いたのですか。

3. 脱衣所のカメラについて、筆者の主張を本文中の言葉を使って 30 字以内で書いてください。

考えを述べる・広げる　Sharing of knowledge

1. あなたは銭湯の脱衣所にカメラがあることに賛成ですか、反対ですか。その理由も説明してください。

　　銭湯の脱衣所にカメラがあることに〔　賛成だ　／　反対だ　〕。

　　なぜなら、＿＿＿＿＿＿＿＿＿＿＿＿＿＿＿＿＿＿＿＿＿＿＿＿＿＿

2. 下線❷について、あなたの考えを教えてください。

3. プライバシーの侵害のおそれがあるのは、どのようなところに、または、どのように設置されたカメラだと思いますか。

（新聞の投稿記事）　　　　　　　　　　　　　　　　　🎧 U3-3

そのカメラはプライバシーの侵害では？

33歳　会社員

　駅や公園、道路、お店など、カメラはどこにでもあって、わたしたちの日常生活に入り込んでいる。カメラがあることによって実際に事故や犯罪が減ったという話はよく聞くし、犯罪が起こった時、捜査のためのデータとして使うことができ、カメラは役に立っていると思う。しかし、最近、同僚の

5　男性から聞いたカメラの話には**❶非常に驚いた**。なんと、銭湯の男湯の脱衣所には、「防犯」のためにカメラが設置されているところがあるというのだ。ある調査では、7割の男湯の脱衣所にカメラが設置されているという結果だったそうだ。

　女湯の脱衣所にカメラが設置されているという話は聞いたことがないし、

10　見たこともない。脱衣所は服を着替えたり、裸になったりする場所なので、そんなところにカメラがあったら、わたしなら行きたいとは思わない。それなのに、**❷男性だから裸を映されても気にならないだろうと考えるのは間違っている**と思う。

　確かに、脱衣所で財布などが盗まれた時に、犯人を探すためにカメラの映

15　像が役に立つこともあるだろう。また、カメラがそこにあることがわかるように設置されているのだったら問題ないと考える人もいるだろう。しかし、裸を映されるのは、性別に関係なくプライバシーの侵害になるのではないだろうか。

　カメラは、現代のわたしたちにとって当たり前のようになってしまってい

20　る面もあるが、もう一度、プライバシーという点から、カメラを考え直す必要があると思う。

すばやく読む2 Speed Reading 2

◈辞書や単語リストを見ないで読んでください。**かかった時間** ＿＿＿＿＿**分**
◈読み終わったら、質問に答えてください。

内容を読み取る Reading comprehension

1. この文章の筆者の意見にはAを、意見の基になった事実にはBを書いてください。

1) (　　　) 市川市では、市の施設に防犯カメラの設置を始めた。

2) (　　　) 市川市のカメラ設置の取り組みは、防犯に効果が出ている。

3) (　　　) カメラはわたしたち市民の安心安全な生活のためになくてはならないものだ。

4) (　　　) 市川市の条例では、誰でも簡単に公共の場所に防犯カメラを設置できるわけではない。

5) (　　　) 条例を作って設置に条件をつけたり問題が起こった場合の対応も決めておいたりするのなら、防犯カメラを積極的に設置することは問題はない。

2. タイトルに「防犯カメラ設置は安心安全に欠かせない」とありますが、どういう意味ですか。

＿＿＿＿＿＿＿＿＿＿＿＿＿＿＿＿＿＿＿＿＿＿＿＿＿＿＿という意味

3. 筆者の考えについて、次の質問に答えてください。

1) 防犯カメラの設置に賛成、反対、どちらの考えにより近いですか。

[　賛成　／　反対　]

2) それはどのような表現からわかりますか。

＿＿＿＿＿＿＿＿＿＿＿＿＿＿＿＿＿＿＿＿＿＿＿＿＿＿＿＿＿

考えを述べる・広げる **Sharing of knowledge**

1．あなたは、公園や道路など公共の場所にカメラを設置することに賛成ですか、反対ですか。それはなぜですか。

2．1.のあなたの意見とは異なる意見の人は、どうしてそのように思うのだと思いますか。その理由を考えてみてください。

3．2.で考えた理由について、反駁（＝反論に対する反論）してください。

🎧U3-4

防犯カメラ設置は安心安全に欠かせない

千葉県市川市　会社員　53歳

　最近では、市や町などの自治体も、公園や道路など公共の場所に防犯カメラを積極的に設置する例が増えている。

　わたしの住んでいる市川市では、市民が安心安全に生活できるよう、2005年に防犯カメラについての条例を作り、公園や道路、図書館などの市の施設に防犯カメラの設置を始めた。その後、カメラは大幅に増え、市が公開しているデータによると、市の設置したカメラは、2006年は138台だったが、2022年現在は1,020台となっている。そして、これらのカメラは確かに防犯に効果が出ているという。カメラの設置を始めた2006年に警察が確認した市内の犯罪は9,835件だったが、11年後の2017年には約3分の1の3,823件に減ったとのことだ。

　防犯カメラについては、賛成の人ばかりではないだろう。知らない間にカメラに撮られるのは嫌だという人もいると思うし、犯罪防止以外の目的に使われるかもしれないと心配する人もいると思う。しかし、実際に犯罪がこれだけ減ったことを考えれば、カメラはわたしたち市民の安心安全な生活のためになくてはならないものだと言ってもいいだろう。

　市川市の条例では、誰でも簡単に公共の場所に防犯カメラを設置できるわけではない。商店街や自治会などでカメラを設置する場合には、市に届け出なければならない。そして、責任者の名前と連絡先が書かれた「防犯カメラ設置中」というステッカーを目立つ場所に貼ることが義務づけられている。条例にはさまざまな規定があり、その中には、画像から知ることができた市民の情報を他の人に言ってはならないというプライバシーに配慮した規定も

5

10

15

20

ある。また、市民は設置された防犯カメラに関して苦情がある時は市に訴えることができる。

　プライバシーの侵害という点から反対の声もあるが、市川市のように市が
25 条例を作り、設置に条件をつけたり問題が起こった場合の対応まできちんと決めておいたりするのであれば、防犯カメラを積極的に設置することは問題はないのではないだろうか。

防犯カメラ管理ステッカー（提供：市川市）

聞く Listening

安全とプライバシーのバランス

 U3-5

話を聞いて、次の質問に答えてください。

内容を聞き取る Listening comprehension

1. 今の防犯カメラと昔の防犯カメラの違いは何ですか。
   ぼうはん　　　　　　むかし　ぼうはん

2. 顔認証機能によって、どのような人を見つけることができるようになりましたか。答え
   にんしょう
   を2つ書いてください。

   ① _____ 人

   ② _____ 人

3. 顔のデータの使い方について、将来どのような問題が起こる可能性があると話していま
   しょうらい　　　　　　　　　　　　　かのうせい
   すか。

4. カメラが適切に使われているかの判断はどのようにすればいいと話していますか。
   てきせつ　　　　　　　　はんだん

考えを述べる・広げる Sharing of knowledge

1. あなたは、顔認証機能によって顔のデータが取られても、「自分は何も悪いことをしていないから平気だ」と思いますか。この意見についてのあなたの考えを教えてください。

2. 顔認証機能のあるカメラの使い方を規制する国や地域の法律について知っていることや調べたことを教えてください。自分の住んでいる国や地域の法律でなくてもいいです。

3. あなたは顔認証機能のある町中のカメラについて、安全とプライバシーのどちらを優先すべきだと考えますか。理由も述べてください。

ディベートをする　Debate

「高校の教室にカメラを設置することに賛成か、反対か」でディベートしましょう。

　ある高校では、各教室に人の出入りを確認するためのカメラと、教室内の様子を写すためのカメラを設置することが検討されています。あなたはそれに賛成ですか、反対ですか。下に書かれた状況を読んで、賛成側と反対側のグループに分かれてディベートをしてください。ディベートの際はジャッジになるグループも決めてください。

---

1) 基本的な状況

・この学校では教室の中の物が盗まれるという事件が続いている。

・この学校ではいじめも起こっており、その対策としてカメラ設置が検討されている。

2) カメラ設置の条件

・カメラ設置の費用は学校が出す。

・映像を見ることができる人は校長と教頭で、カメラで録画した映像を生徒や保護者、その他の教職員は見ることができない。

・実際に事件や問題が発生した時に、映像がどのように使用されるかはまだ決まっていない。

準備 Preparation

1. ブレーンストーミングシートを作りましょう。

高校の教室にカメラを設置することに対する利点と欠点、懸念点をそれぞれ挙げてみま
しょう。

〈ブレーンストーミングシート〉

利点 りてん	
欠点 けってん	
懸念点 け ねんてん	

2. グループを決めましょう。

・賛成グループと反対グループ、ジャッジに分かれます。

・ジャッジは、賛成グループに対応する人と反対グループに対応する人に分かれてくださ
い。

3. ディベートの流れを確認しましょう。

	賛成グループ（G）	反対グループ（G）	ジャッジ
相談 （10分）	自分たちのグループの主張を考える		ディベートの流れを 予想する
第1ターン （各3分）	①賛成の理由を述べる	②反対の理由を述べる	賛成G・反対Gの 発言を聞く
相談 （5分）	相手グループの主張を確認して、質問・反論を考える		賛成G、反対Gへの 質問を考える
第2ターン （各3分）	③反対Gへの質問・反論	④賛成Gへの質問・反論	⑤賛成G、反対Gへ のその他の質問
	★自分たちの意見を主張してはいけません		
相談 （5分）	相手からの質問・反論を確認して、その答えを考える		現時点でどちらが 優勢か考える
第3ターン （各3分）	⑦質問・反論に答える	⑥質問・反論に答える	賛成G、反対Gの 発言を聞く
	★相手からの質問・反論に答えるだけです。 自分たちの意見を主張してはいけません。		
相談 （5分）	相手の答えを確認して、 自分たちの最終意見を考える		判定の最終的な ポイントを考える
第4ターン （各3分）	⑨最終意見を述べる	⑧最終意見を述べる	賛成G・反対Gの 発言を聞く
	★第1ターンと同じではなく、第3ターンの答えも入れて、 まとめましょう。		
相談 （5分）	自分たちのディベートを反省する		どちらがよかったか 相談する
判定 （4分）	ジャッジの判定を聞く		⑩ジャッジによる 判定

4. ディベートで使える表現を確認しましょう。

1) 事実確認のために質問する

◆ すみません、〜〜というところがよくわからなかったので、

| もう少し詳しく | 説明していただけませんか。 |
| 具体的な例を挙げて | |

◆ すみません、〜〜というのは、××という理解で

| いいでしょうか。 |
| 合っているでしょうか。 |

◆ すみません、聞き逃してしまったのかもしれませんが、〜〜か。

◆ 先ほど〜〜とおっしゃっていましたが、……か。

◆ お聞きしたいことが2点あるんですが、 | 1つ目は〜〜。2つ目は……。

　2つお聞きしたいんですが、

　2点よろしいでしょうか。

2) 事実確認の質問に答える時と反論する時の表現

◆ ［ご質問／ご意見／ご指摘］ありがとうございます。

◆ ちょっと説明が足りませんでしたので、 | 〜〜について、 | もう一度説明

　ちょっとわかりにくかったと思いますので、 | | いたします。

　ちょっと説明不足でしたので、 | | 補足いたします。

📝 反論の内容を「正しいのだけれど…」と思った時は

◆ 〜〜とおっしゃいましたが、 | 確かにその通りだと思います。ですが、……。

| そうした指摘はもっともです。ですが、……。

| ……ということもあるのではないでしょうか。

📝 反論の内容を「それはおかしい！」と思った時は

◆ 〜〜とおっしゃいましたが、 | そうですね、そういう意見もあるかもしれません。ですが、……。

| そうですね、そういう考え方もできるかと思います。ですが、……。

🖋反論や質問にすぐには答えられない時は

- ◆〜〜については、これから考えていきたいと思います。

- ◆すみません。この件についてはまだ調べておりませんので、今後の課題といたします。

- ◆勉強不足ですみません。ご指摘、ありがとうございました。

3) ジャッジが講評する時の表現

ねぎらい

- ◆興味深いディベートをありがとうございました。

結果

- ◆わたし(たち)は、〇グループのほうが説得力があったと思います。

理由

- ◆〇グループは、│ 質問に対する答えを論理的に述べていて │ よかったと思い

  │ 質問に全部答えていて │ ます。

  特に、〜〜という意見がよかったです。

  また、最終意見も │ 具体例があって │ わかりやすかったです。

  │ みんなが協力して話をしていて │ よかったです。

- ◆△グループは、最初の意見はわかりやすかったですが、

  │ 反論が弱くなって、そのまま最終意見も弱くなった │ と思います。

  │ 最終意見もあまり変わらなくて、同じことを繰り返していた │

まとめ

- ◆以上のことから、総合的に判断した結果、〇グループのほうが説得力があったと思います。

Unit
3
町中のカメラ

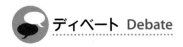 **ディベート** Debate

1. 下の表にメモをしながらディベートをしましょう。

〈ディベートメモ〉相談のメモをしたり、聞き取った内容をメモしたりしましょう。

	賛成グループ _{さんせい}	反対グループ _{はんたい}	ジャッジ
1　最初の意見			
2　質問・反論 　　_{はんろん}			
3　質問・反論 　　_{はんろん} 　　への答え			
4　最終意見 　　_{さいしゅう}			

2. 客観的にどちらが説得力があったかを考えましょう。

〈ディベート判定表〉

この判定表はジャッジだけでなく、賛成グループ、反対グループの人も各自記入してください。

トピック「高校の教室にカメラを設置することに賛成か、反対か」	判定者		
	評価の観点	賛成	反対
1 最初の意見を述べる	主張の内容がはっきりしていたか 理由・根拠がしっかり述べられていたか 話し方はよかったか（協力して話せたかなど）	/3	/3
2 質問・反論をする	質問や反論の内容ははっきりしていたか いい質問、反論だったか 話し方はよかったか（協力して話せたかなど）	/3	/3
3 最終意見を述べる	理由・根拠を挙げて主張できたか 相手の質問や反論がうまく生かされていたか 話し方はよかったか（協力して話せたかなど）	/3	/3
	合計点	点	点
最終判定	［ 賛成グループ ／ 反対グループ ］のほうがより説得力 があった		
最終判定の理由			
コメント			

	評価 ひょうか
1．論理的に意見を述べられたか 　　ろんりてき　　　　　　　　の	☆☆☆☆☆
2．相手の話を理解して、適切に対応できたか 　　　　　　　　　　てきせつ　　たいおう	☆☆☆☆☆
3．グループで協力できたか 　　　　　　　きょうりょく	☆☆☆☆☆
4．ディベートに積極的に参加できたか 　　　　　　せっきょくてき　さんか	☆☆☆☆☆
5．話し方（声の大きさ、速さ、発音、流暢さ） 　　　　　　　　　　　　はや　　　　　　りゅうちょう	☆☆☆☆☆
6．態度（視線、表情、ジェスチャー） 　　たいど　しせん　ひょうじょう	☆☆☆☆☆
7．表現の正確さ	☆☆☆☆☆
8．表現の豊かさ 　　　　　　ゆた	☆☆☆☆☆
総合評価 そうごうひょうか	☆☆☆☆☆

コメント

意見文を書く Writing Opinions

「高校の教室にカメラを設置することに賛成か、反対か」について、あなたの意見を反駁（反論に対する反論）も含めて書きましょう。理由は２つ以上書いてください。ディベートの時の立場とは違っていてもかまいません。

◇文のスタイル：だ・である体
◇長さ：800 字程度（± 10% ＝ 720 字〜 880 字）

 書くときのポイント Key points

1．ディベートのメモを振り返って、賛成、反対、どちらがいいか決めましょう。

2．アウトラインを書きましょう。ディベートの時に出なかった理由を書いてもいいです。

例

【はじめに】	あなたの考え　　高校の教室にカメラを設置することには反対だ
【本文】	理由1　教室の中の物が盗まれることに対する対策は、教室に鍵をかける、貴重品を入れるロッカーを設置するなど、他の方法がある
	理由2　教室にカメラがあってもいじめがなくなることはない。教室の他でもいじめは起こるため、アンケート実施のほうが有効である
	理由3　教師が自由な教育活動ができなくなる
	予想される反論　　・ロッカーは費用がかかるし設置場所も必要だ ・いじめの証拠をつかむことはできない ・音声は録音できないので授業内容はわからない
	反駁（反論に対する反論） ・費用はカメラのほうがかかるかもしれないし、維持費もかかる ・いじめの特定もアンケートを行って証言を得るなどの方法でできる ・映像だけでも授業内容はある程度わかってしまう
【おわりに】	・盗みもいじめも他の方法で解決できる ・自由な教育活動の妨げになる　　➡ 反対だ

【はじめに】	あなたの考え
【本文】	理由1
	理由2
	理由3
	予想される反論
	反駁（反論に対する反論）
【おわりに】	

3. 例と構成を参考にして、作文を書きましょう。内容に合うタイトルをつけましょう。

 例

教室のカメラに反対だ

　わたしは、高校の教室にカメラを設置することに反対である。その理由を教員の立場から３つ述べたい。

　第一の理由は、盗み防止のためには、鍵がかけられる個人のロッカーを設置するほうがいいと考えるからだ。カメラは、盗んだ犯人を特定することはできるが、防犯にはならないと思われる。

　第二の理由としては、教室にカメラを設置しても、いじめはなくならないと考えるからだ。いじめは教室だけで起こるわけではなく、教室以外の場所のほうがひどいことが起こっていると考える。わたしたちの学校ではまだ行っていないが、アン

ケートを取って、どのようないじめが起こっているかを知るほうがいじめの解決になるのではないだろうか。

第三の理由は、教室にカメラがあると授業を監視されているようで、自由な教育活動ができなくなるおそれがあることである。カメラの映像を見た校長や教頭から授業の内容について何も言われなかったとしても、見られていると思うことで教員は自由な教育活動ができなくなると考える。

確かに、ロッカーの設置にはお金もかかるし、場所も必要である。教室内の映像はいじめをしている人を特定できるし、証拠にもなるという考え方もあるだろう。教育活動については、カメラは映像だけだったら内容はわからないという反論もあるかもしれない。

しかしながら、カメラは設置の時だけではなく、使い続けることでもお金がかかる。犯人を特定するより、盗みを防止することが大切ではないだろうか。また、いじめをしている人についても、アンケートの結果から、いろいろな人に話を聞けば解決できるだろう。さらに、何を話しているかはわからなくても、ボードに書いたことや教室の雰囲気から授業内容がある程度わかってしまう可能性がある。

以上述べたように、盗みやいじめの犯人の特定は他の方法でもできること、そして、自由な教育活動ができなくなることから、わたしは教員の立場から、教室にカメラを設置することに反対である。

(810字)

作文の構成

わたしは、高校の教室にカメラを設置することに〔 賛成 ／ 反対 〕である。その理由を3つ述べたい。

第一の理由は、＿＿＿＿＿＿＿＿＿＿＿＿＿＿＿＿＿＿からだ。＿＿＿＿＿＿＿＿＿。
　　　　　　　　　　　　　　　　　　　　　　　　　　　　　（根拠となる例など）

＿＿＿＿＿＿＿＿＿＿＿＿＿＿＿＿＿＿＿と思われる。

第二の理由としては、＿＿＿＿＿＿＿＿＿＿＿＿からだ。＿＿＿＿＿＿＿＿＿。
　　　　　　　　　　　　　　　　　　　　　　　　　　　（根拠となる例など）

＿＿＿＿＿＿＿＿＿＿＿＿＿＿＿＿＿＿＿のではないか。

第三の理由は、＿＿＿＿＿＿＿＿＿＿＿＿＿＿ことである。＿＿＿＿＿＿＿＿＿。
　　　　　　　　　　　　　　　　　　　　　　　　　　　　（根拠となる例など）

＿＿＿＿＿＿＿＿＿＿＿＿＿＿＿＿＿＿＿と考える。

[　もちろん　／　なるほど　／　確かに　]、

_____。

_____と考える人もいるだろう。

_____という［　考え方　／　反論　]もあるだろう。

_____という［　考え方　／　反論　]もあるかもしれない。

　（あなたの意見に対する反論）

[　しかし　／　しかしながら　／　とは言っても　]、

_____。

_____[　と考えられる　／　と言える　]のではないだろうか。

_____という可能性がある。

_____かもしれない。

　（反駁＝反論に対する反論）

以上述べたように、

このように、

したがって、　　_____ことから、

　　　　　　　　　　　　（理由）

わたしは高校の教室にカメラを設置することに［　賛成　／　反対　]である。

セルフチェック　Check the statements

- □ 1. タイトルと自分の名前が書かれているか。
- □ 2. 【はじめに】で自分の主張が書かれているか。
- □ 3. 【本文】に主張の理由や根拠が2つ以上書かれているか。
- □ 4. 【予想される反論】が書かれているか。
- □ 5. 【反駁（反論に対する反論）】が書かれているか。
- □ 6. 【おわりに】に主張が書かれているか。
- □ 7. ユニットで学習した表現を使っているか。
- □ 8. 字や言葉の間違いがないか。
- □ 9. 「だ・である」体で、800字程度になっているか。
- □ 10. 書式や体裁は整っているか。

人工知能と働く
じんこうちのう
Working with Artificial Intelligence

人間は人工知能に仕事を奪われるというのは本当か
じんこうちのう　　　　うば
Is it true that humans will lose their jobs to artificial intelligence?

ていねいに読む　Intensive Reading
人間は人工知能に置き換えることができるか
じんこうちのう　　お　か
Can humans be replaced by artificial intelligence?

すばやく読む　Speed Reading
1 公認会計士は人工知能に仕事を奪われるか
こうにんかいけいし　　じんこうちのう　　うば
Will CPAs lose their jobs to artificial intelligence?

2 カスタマーサービスのオペレーターは必要なくなるか
Will customer service operators no longer be needed?

聞く　Listening
タクシー運転手がいなくなる？
Will taxi drivers disappear?

話す活動　Speaking Activity
ディスカッションをする
Discussion

書く活動　Writing Activity
意見文を書く
Writing Opinions

このユニットのねらい
1) 異なる意見を比較して、共通点および相違点を整理することができる。
2) 具体的な事例を基に、一般化した意見を述べることができる。
3) 事実や意見を参考にしたり、引用したりしながら、自らの考えが説明できる。

Aims of this unit
1) Be able to compare different opinions and sort out commonalities and differences.
2) Be able to state a generalized opinion based on specific examples.
3) Be able to explain one's own ideas while referring to and citing facts and opinions.

1. ロボットと人工知能（じんこうちのう）の違いは何か、自分の言葉（ことば）で説明してみましょう。

2. 人工知能（じんこうちのう）の得意（とくい）なこと、苦手（にがて）なことを考えてみましょう。

    1) 人工知能（じんこうちのう）が得意（とくい）なことはどのようなことですか。

    2) 人工知能（じんこうちのう）が苦手（にがて）なことはどのようなことですか。

3. 人工知能（じんこうちのう）はどのようなものに使われていますか。知っているものを挙（あ）げてみましょう。

4. **3.** で挙（あ）げたような人工知能（じんこうちのう）が発展（はってん）すると、わたしたちの生活にどのような影響（えいきょう）があるでしょうか。よい点・よくない点を考えてみましょう。

    1) よい点はどのようなことだと思いますか。

    2) よくない点はどのようなことだと思いますか。

5.（　　　）に入る言葉を a. 〜 f. から選んでください。言葉は一度しか使えません。

| a. 普及 | b. 解決 | c. 発展 | d. 確信 | e. 対応 | f. 提案 |
| ふきゅう | かいけつ | はってん | かくしん | たいおう | ていあん |

1) みんなで話し合って問題を（　　　）しましょう。

2) トラブルには 24 時間いつでも（　　　）します。

3) 何かよい方法を（　　　）してください。

4) この方法だったら大丈夫だと（　　　）しています。

5) スマートフォンが広く（　　　）して、日本では若者の９割が持っていると言われている。

6) スマートフォンの技術が（　　　）して、今ではパソコンとほとんど同じことができるようになった。

◆1回目：辞書や単語リストを見ないで読んでください。**かかった時間** ＿＿＿＿分
　　　　じしょ
◆2回目：辞書や単語リストで調べた言葉を書いておいてください。
　　　　じしょ　　　　　　　ことば

人間は人工知能に置き換えることができるか 🎧 U4-1
じんこうちのう　お　か

　技術の進歩により、人間は人工知能に仕事を奪われるおそれがあると言われ
　ぎじゅつ　しんぽ　　　　　　　　じんこうちのう　　　　　うば
るようになった。このきっかけとなったのは、オックスフォード大学のマイ
ケル・A・オズボーン准教授がカール・ベネディクト・フレイ博士と一緒に
　　　　　　　　じゅんきょうじゅ　　　　　　　　　　　　　　はかせ　　いっしょ
行った共同研究（2013）だろう。日本については、野村総合研究所（2015）
　　きょうどう　　　　　　　　　　　　　　　　　のむらそうごう
5 がオズボーン准教授とフレイ博士との研究から、およそ半数の職業、例えば、
　　　　　じゅんきょうじゅ　　　はかせ　　　　　　　　　はんすう　しょくぎょう
工場の労働者やタクシー運転手などの他、日本全国に約300万人いる事務
　　ろうどうしゃ　　　　　　　　　　　　　　ぜんこく　やく　　　　　　　じむ
職員も、10～20年後には❶人工知能が人間に代わって仕事ができる確率が
しょくいん　　　　　　　　　　　　じんこうちのう　　　か　　　　　　　　　かくりつ
高いという結果を得ている。
たか　　　　　けっか　え

　1)これらの研究は「人工知能に置き換えることができる」、つまり、「人工
　　　　　　　　　じんこうちのう　お　か　　　　　　　　　　　　　　じんこう
10 知能が人間に代わって仕事ができる」可能性の話であったが、それが次第に
ちのう　　　　か　　　　　　　　　　かのうせい　　　　　　　　　　しだい
「人間は人工知能に仕事を奪われるのではないか」「人間の仕事がなくなるの
　　じんこうちのう　　うば　　　　　　　　
ではないか」という表現で心配されるようになったというわけである。
　　　　　　　　　　　　　　しんぱい

　この「人間は人工知能に置き換えることができるか」という議論には、以
　　　　　　じんこうちのう　お　か　　　　　　　　　　　ぎろん
下のような意見がある。東京大学の中島秀之特任教授はあるインタビューで、
　　　　　　　　　　　　　　　なかしまひでゆきとくにんきょうじゅ
15 人工知能によって人間の仕事が「なくなる」のではなく、「変化していく」
じんこうちのう
というほうが正しいと述べている。例えば、❷自動車が普及した時、馬車を
　　　　　　　　　の　　　　　　　　　　じどうしゃ　ふきゅう　　　　ばしゃ

104

操る人は仕事を失ったが、代わりに自動車に関する仕事が必要となった。

2) これと同じような変化が再び訪れるという。さらに、人間が単純な作業をせずに済むため、これまで仕方なくしていた仕事は人工知能に任せて、本当にやりたい仕事だけをすればよいことになるのではないかとも述べている。 20

「人工知能に置き換えることができる」という表現はよくないという意見もある。例えば、西垣（2016）は、「置き換える」というと、人間の代わりにロボットが机に座って仕事をするというSF映画のようなイメージになるが、人間（生物）と人工知能（機械）はまったく別のものなので、簡単に置き換えることはできないのだとしている。 25

また、わたしたちは「人工知能は恐ろしい」というイメージを持ちがちだが、3) そのように考えるのは意味がないという意見もある。松原（2018）は、4) こうした議論の多くは人工知能を「人間 vs 人工知能」という構図で考えているが、人工知能はすでに人間社会にとって切っても切れない関係になっていることから、これからの議論に必要なのは、人間と人工知能が共存 30 する道を探すことであるとしている。

このように、「人間は人工知能に置き換えることができるか」という問いについては、いろいろな意見がある。だが、共通していることは、「仕事を人工知能に奪われないためにどうするか」を心配するのではなく、「人工知能とどのように付き合っていくのか」を考えなければならないという点だろ 35 う。人工知能は進歩し続けている。したがって、人工知能とどのように付き合っていくのかは、今後の人間の進歩にかかっているのではないだろうか。

理解チェック Check your understanding 🎧 U4-2

文を聞いて、本文と同じだったら○を、違っていたら×を書いてください。

1)	2)	3)	4)	5)

内容を読み取る Reading comprehension

1. 次の〜〜〜の言葉がどういう意味か、具体的に説明してください。

1) これらの研究　＿＿＿＿＿＿＿＿＿＿＿＿＿＿＿＿＿＿＿＿＿研究

2) これと同じような　＿＿＿＿＿＿＿＿＿＿＿＿＿＿＿＿＿と同じような

3) そのように考えるのは　＿＿＿＿＿＿＿＿＿＿＿＿＿＿＿＿考えるのは

4) こうした議論　＿＿＿＿＿＿＿＿＿＿＿＿＿＿＿＿＿＿＿＿＿議論

2. オズボーンとフレイの共同研究（2013）はどのような研究でしたか。

＿＿＿＿＿＿＿＿＿＿＿＿＿＿＿＿＿＿＿＿＿＿＿＿＿＿＿＿＿＿＿研究

3. 本文で紹介された3人（中島・西垣・松原）の意見についてまとめましょう。

1)「人間は人工知能に仕事を奪われるか」という問い対する3人の答えをそれぞれ50字以内でまとめてください。

① 中島：

② 西垣：

③ 松原：

2) 3人の意見に共通する点は何だと書かれていますか。

考えを述べる・広げる　Sharing of knowledge

1. 3人の意見について考えましょう。

1) 賛成できる点がありますか。それはなぜですか。
　　（さんせい）

_____ の _____
　　　　　（人名）
　　　　（じんめい）

という意見に賛成である。
　　　　　　　（さんせい）

なぜなら _____ からだ。

2) 賛成できない点がありますか。それはなぜですか。
　　（さんせい）

_____ の _____
　　　　　（人名）
　　　　（じんめい）

という意見に賛成できない。
　　　　　　　（さんせい）

なぜなら _____ からだ。

2. ❶人工知能が人間に代わって仕事ができる確率が高い とされた仕事の共通点は何だと
　　　（じんこうちのう）　　（か）　　　　　（かくりつ）　　　　　　　　　（きょうつうてん）
思いますか。

3. ❷自動車が普及した時、馬車を操る人は仕事を失ったが、代わりに自動車に関する仕事
　　　（じどうしゃ　ふきゅう）　（ばしゃ　あやつ）　　　（うしな）　　　　（か）　　　（じどうしゃ）
が必要となった のと同じように、人工知能の発展によってなくなる仕事と、代わりに
　　　　　　　　　　　　　　　　　　（じんこうちのう）　（はってん）　　　　　　　　　（か）
新しく必要となる仕事にはどのようなものがあると思いますか。

_____ がなくなり、代わりに
　　　　　　　　　　　　　　　　　　　　　　　　　　　　（か）

_____ が必要になるのではないだろうか。

◇辞書や単語リストを見ないで読んでください。**かかった時間** ＿＿＿＿＿**分**

◇読み終わったら、質問に答えてください。

内容を読み取る　Reading comprehension

1. 公認会計士の仕事のうち、人間より人工知能のほうが得意なことは何ですか。それはなぜですか。

2. 公認会計士の仕事のうち、人工知能より人間のほうが得意なことは何ですか。それはなぜですか。

3. 公認会計士の仕事で、最終的な判断は人工知能にできることですか。それはなぜですか。

考えを述べる・広げる Sharing of knowledge

1. 日本公認会計士協会の理事の意見について考えましょう。
<small>こうにんかいけいしきょうかい　りじ</small>

1) 理事は、公認会計士の仕事は人工知能に奪われると考えていますか。
<small>りじ　　　こうにんかいけいし　　　じんこうちのう　うば</small>

2) 今後、公認会計士が人工知能とうまく仕事を進めていくために、何が必要だと言っ
<small>こうにんかいけいし　　じんこうちのう</small>
ていますか。

2. 公認会計士にとって「人工知能と人間の役割をはっきりさせる」ことは簡単だと思いま
<small>こうにんかいけいし　　　じんこうちのう　　やくわり　　　　　　　　　　　　かんたん</small>
すか。それはなぜですか。

3. 公認会計士以外にも「人工知能と人間の役割をはっきりさせる」ことが必要な仕事には
<small>こうにんかいけいし　　　じんこうちのう　　やくわり</small>
何があると思いますか。

公認会計士は人工知能に仕事を奪われるか 🎧U4-3

　「公認会計士」は高度な専門知識を必要とし、資格を取るのが難しいとされている職業である。しかし、意外なことに、人工知能に置き換えることができる可能性が高いとされた職業の一つでもある。

　公認会計士の主な仕事は、法律や企業のルールの通りにお金が使われているかを判断する「監査」と、企業のお金の流れを記録し、報告する「会計」の2つである。このうち「会計」は、人工知能が得意とする計算や情報の確認などが多い。確かに、速く正確に計算することや、たくさんのデータを記録したり、検索したりすることは、人間より人工知能のほうが得意だと言えるだろう。一方「監査」は、お金が法律や企業のルールの通りに使われているかを判断するものであり、数字を見るだけではなく、企業の人と会って話を聞く必要がある。データに問題が見つかっても、今までに起きた問題と同じだったら、人工知能でもルールの通りにお金が使われたかどうかは判断できる。だが、相手の説明や、説明の様子からお金が正しく使われているかを判断するには経験が必要だし、新しい問題が起きた場合や、どうすべきか判断しにくいグレーな部分については、人工知能では判断できないとされる。そして、最終的な判断は人間が責任を持ってしなければならない。

　このようなことから、日本公認会計士協会の理事は、「これからは人工知能が得意なことは人工知能に任せ、人間にしかできないことは人間がする——つまり、人工知能と人間の役割をはっきりさせ、うまく仕事を進めていくことが大切」だとしている。

すばやく読む2　Speed Reading 2

◆辞書や単語リストを見ないで読んでください。**かかった時間** ＿＿＿＿＿**分**
◆読み終わったら、質問に答えてください。

　内容を読み取る Reading comprehension

1. チャットボットとは何ですか。

2. それぞれの立場から見た時、カスタマーサービスにチャットボットを使う利点は何ですか。

　　企業：

　　顧客：

　　オペレーター：

3. この文章によると、オペレーターの仕事は全部 AI に任せることはできますか。それはなぜですか。

　考えを述べる・広げる Sharing of knowledge

「人間的な温かみや優しさ」が求められる仕事について考えましょう。

　　1) カスタマーサービス以外に「人間的な温かみや優しさ」が求められるのはどのような仕事だと思いますか。

　　2) 1) で挙げた仕事は、人工知能にはできないと思いますか。

カスタマーサービスのオペレーターは必要なくなるか

　最近、顧客からの問い合わせに対応するためのカスタマーサービスに、チャットボットを使う企業が増えている。チャットボットとは、コンピューターが人間と自然に会話ができるシステムで、対応が決まっている「よくある質問」に自動で答えを出したり、AIが質問の内容を判断して答えたりできるようになっている。このため、内容によっては人間のオペレーターと直接話をしなくても問題が解決できる。

　チャットボットは人間ではないので、企業は給料を払わなくてもいいし、24時間対応することができる。顧客もチャットボットにならいつでも質問できるし、オペレーターと話す場合でも、つながるまでの待ち時間が短くなる。オペレーターも、機械的な対応で済む質問にはあらかじめチャットボットが対応してくれるので、ストレスが減ると言われている。このように、カスタマーサービスにチャットボットを使うメリットは多い。

　では、オペレーターの仕事は全部AIに任せることができるのだろうか。

　カスタマーサービスへの問い合わせの多くは「よくある質問」だと言われており、こうした質問に答えるのはチャットボットが得意なことである。しかし、それ以外の質問に答えるのは得意ではない。また、顧客は単に質問への答えがほしいだけではなく、不安や不満を聞いてもらいたい、人間と話すことで確信を得たい、安心したいなどと思うからこそ、カスタマーサービスに連絡をする場合もある。

　このため、AIがこうした顧客の気持ちに応えるのはまだ難しいと考えるのが一般的だ。「人間的な温かみや優しさ」がカスタマーサービスに求められている間は、オペレーターという仕事がなくなることはないだろう。

聞く Listening

タクシー運転手がいなくなる？　🎧 U4-5

話を聞いて、次の質問に答えてください。

内容を聞き取る Listening comprehension

1. 田村さんは、人工知能の発展を心配しなければならないのはどのようなタクシー運転手
   だと言っていますか。

2. 田村さんは1.の人たちにどのようなアドバイスをしていますか。

3. 2.は具体的にはどのような分野についてだと言っていましたか。

4. 話を聞いたレポーターは、タクシー運転手はこれから何をしていく必要があると言って
   いましたか。

Unit
4

人工知能と働く

考えを述べる・広げる **Sharing of knowledge**

このインタビューを聞いて、あなたはどう思いましたか。

1) ①賛成できること、②賛成できないことを挙げましょう。

2) 1) で挙げたことについて①賛成できる理由、②賛成できない理由を説明してください。

	1)	2) 理由
①賛成できる		
②賛成できない		

ディスカッションをする　Discussion

「人工知能との働き方」についてディスカッションをしましょう。
（じんこう ち のう）

 準備 Preparation

1．このユニットの問い「人間は人工知能に仕事を奪われるというのは本当か」について、
このユニットで読んだり、聞いたりしたものを、下の表にまとめましょう。自分が知っ
ていることを入れてもいいです。

　1)「人工知能に仕事を奪われる」について、どのような意見や考えがありますか。
　　（じんこう ち のう）　　　（うば）

　2)「人工知能に仕事を任せる」について、どのような意見や考えがありますか。
　　（じんこう ち のう）　　　（まか）

　3) 公認会計士、オペレーター、タクシー運転手は、これからどのような働き方をして
　　（こうにんかいけい し）
　　いくのがよいと考えられていますか。

1) 人工知能に仕事を （じんこう ち のう） 奪われる （うば）	例）中島は、仕事が「なくなる」のではなく、「変化していく」 （なかしま） ほうが正しいと述べている。 （の）
2) 人工知能に仕事を （じんこう ち のう） 任せる （まか）	例）西垣は、人間の代わりにロボットが机に座って仕事をすると （にしがき）　　　　　　　　（か）　　　　（つくえ すわ） いう SF 映画のようなイメージになるが、それは違うと述べ （の） ている。
3) どのような働き方 をしていくのがよ いか	・公認会計士 　（こうにんかいけい し） ・オペレーター ・タクシー運転手

2．3～4人のグループに分かれて、まとめた内容を確認しましょう。
（ないよう　かくにん）

115

ディスカッション Discussion

1. 「人工知能と働くには」についてディスカッションをしましょう。

> ディスカッション時間：30分

1) 司会、書記、報告者を決めましょう。

2) グループで話し合って、次の2つについてまとめてください。

①これから個人はどのようなことをしていくべきか

②これから社会（教育、会社、政府）はどのようなことをしていくべきか

2. ディスカッションの内容をクラスで報告しましょう。

1) 自分たちのディスカッションがどのような内容だったかを報告しましょう。
（2分程度）

2) 他のグループの報告を聞いて、わからないことを質問しましょう。

3. まとめと振り返り

1) 自分たちのディスカッションの内容や他のグループの報告から、発見したこと、気づいたこと、わからないことなどを挙げましょう。

2) ディスカッションを振り返って、よくできたこと、改善したほうがいいことなどを挙げましょう。

司会の表現

1) 始める

- ◆ では今から、〜〜についてディスカッションを 始めたい／行いたい と思います。

- ◆ 司会の〇〇です。どうぞよろしくお願いいたします。

- ◆ まず、〜〜について一人ひとりのお考えを聞かせて いただけますか／いただけますでしょうか。

- ◆ 〇〇さん、いかがですか。ご意見をよろしくお願いいたします。

- ◆ では、まずはじめに、わたしの考えをお話しします。

- ◆ 次に／続きまして、〇〇さんのご意見はいかがですか。

2) 質問やコメントを受け付ける

- ◆ 今の〇〇さんの意見に対して、 | 質問やコメントなどはありますか。

  質問やコメントなどがありましたら、挙手をお願いします。

3) まとめる

- ◆ みなさんからの意見をまとめますと、〜〜。

- ◆ そろそろ時間ですので、みなさんからの意見をまとめたいと思います。

4) 終わる

- ◆ では、時間になりましたので、今日のディスカッションはこれで

  終わりにしたい／終了したい と思います。ありがとうございました。

ディスカッションの表現

1) 意見や理由を伝える

- ◆ （わたしは）〜〜と思います。 | ……からです。

  なぜかというと……からです。

- ◆ わたしの考えでは／わたしの意見では、〜〜。

- ◆ 個人的には、〜〜と思います。

- ◆ これは、あくまでわたしの考えなんですが、〜〜。

2) 意見を遠慮がちに伝える

- ◆ ～～んじゃないかと思います。なぜかというと……からです。
- ◆ ～～んじゃないかと思うんですが。
- ◆ ～～と 思われます／考えられます。
- ◆ ～～ように 思われるんですが／考えられるんですが。
- ◆ ～～かもしれません。
- ◆ 別の見方をすると、～～ということも言えるんじゃないでしょうか。
- ◆ 間違っているかもしれないんですが、……。

3) 賛成する

- ◆ わたしも○○さんの意見に賛成です。
- ◆ 同感です。
- ◆ わたしも 同じように／その通りだと 思います。

4) 反論する

- ◆ 確かにそうかもしれません。

  確かにそう考えられるかもしれません。

  確かにそう言えるかもしれません。

  | ただ、 | わたしは……（と考えられるんじゃないか）と思います。 |
  | でも、 | ……ということも言えるんじゃないでしょうか。 |

- ◆ ○○さんの意見も、もっともですが、……。
- ◆ ○○さんは、先ほど、～～とおっしゃいましたが、……。
- ◆ ～～とおっしゃいましたが、

  | | わたしはそうは思わなくて、……。 |
  | | わたしの考えはちょっと違うんですが、……。 |

5) 質問する

- ◆ すみません、今おっしゃったことがよくわからなかったので、もう一度、説明していただけますか。
- ◆ なぜそう思うのか、理由を教えていただけますか／いただけませんでしょうか。
- ◆ ちょっとよくわからなかったので、具体的な例を挙げてもらえますでしょうか。

◆ すみません、 | もう一点、（質問したいのですが、）よろしいでしょうか。

　　　　　　　　 もう一つ、お聞きしたいのですが。

6) 意見を追加する

◆ ○○さんの意見に追加したいんですが、

◆ もう一点、追加したいんですが、

◆ あと、もう一つ、……。

上手に聞くための表現

1) あいづちを打つ

◆ ええ、　　◆ はい。　　◆ そうですね　　◆ 確かに　　◆ なるほど

2) 確認する

◆ 〜〜って、 | ・・・ | ということですか。

◆ 〜〜っておっしゃいましたが、 | | ということでしょうか。

◆ 〜〜というのは、 | | という理解でよろしいでしょうか。

　　　　　　　　　　　　　　　　　　　 という理解で正しいですか。

　　　　　　　　　　　　　　　　　　　 ということで合っていますか。

　　　　　　　　　　　　　　　　　　　 と考えていいですか。

3) まとめる

◆ 今おっしゃったことをまとめると、〜〜 | ということですね。

　　　　　　　　　　　　　　　　　　　　　 ということになりますか。

4) わからない言葉を聞く・詳しく聞く

◆ すみません、「〜〜」 | って | ……（の）ことですか。

　　　　　　　　　　 というのは、 | 例えば、……ですか。

　　　　　　　　　　　　　　　　　 英語で言うと、……ですか。

　　　　　　　　　　　　　　　　　 例えばどういうことですか。

ほうこく

〈ディスカッション報告の流れ〉
ほうこく　なが

わたしたちのグループは、最初は＿＿＿＿＿についてディスカッションしました。
（最初のトピック）

これについて、〜〜という意見が出ました。

それで、＿＿＿＿＿＿＿＿＿＿についてみんなで考えました。
（２つ目のトピック）

これについては、……という意見が出ました。

＿＿＿＿＿＿＿＿＿＿＿＿＿＿＿＿＿＿＿＿＿。
（まとめ）

以上です。

1) 全員の意見が同じだった場合
ぜんいん

◆ 〜〜という意見が出ました。全員同じ意見でした。
ぜんいん

◆ 全員が〜〜という意見でした。
ぜんいん

2) 意見がいろいろあった場合

◆ 〜〜という意見と、……という意見が出ました。

◆ 〜〜という意見が出ました。一方、……という意見もありました。

3) まとめに使える表現

このようにいろいろな意見が出ましたが、＿＿＿＿＿＿＿＿＿＿については、
（トピック）

✐意見がまとまった場合

◆ 〜〜ということでまとまりました。

◆ 〜〜ではないだろうかと考えています。

✐意見がまとまらなかった場合

◆ 十分に話すことができませんでした。

◆ もっと考えていこうということになりました。

4) その他

Unit
4

人工知能と働く

✍他の人に報告内容_{ほうこくないよう}を説明してもらう場合

- ◆ 何_{なに}か付_つけ足_たすことはありますか。
- ◆ ○○さんから～～について、もう少_{すこ}し詳_{くわ}しく説明してもらいます。
- ◆ ○○さん、～～について、お願_{ねが}いします。

✍報告_{ほうこく}に付_つけ足_たしたい場合

- ◆ すみません、～～について、┃ 少_{すこ}し説明させてください。

  付_つけ足_たしなんですけれど、……

自己評価 Self-evaluation

☆に色をつけましょう

	評価 _{ひょうか}
1．簡潔_{かんけつ}にわかりやすく意見を言えたか	☆☆☆☆☆
2．論理的_{ろんりてき}に意見を述_のべられたか	☆☆☆☆☆
3．相手の話を理解して、適切_{てきせつ}に対応_{たいおう}できたか	☆☆☆☆☆
4．わからないことを聞_きき返_{かえ}したり確認_{かくにん}したりしたか	☆☆☆☆☆
5．ディスカッションを進めるに値_{あたい}する意見を積極的_{せっきょくてき}に言えたか	☆☆☆☆☆
6．ターンをうまく取ることができたか（割_わり込_こまない、持ちすぎない）	☆☆☆☆☆
7．自分の役割_{やくわり}（司会_{しかい}・書記_{しょき}・報告者_{ほうこくしゃ}）を果_はたせたか	☆☆☆☆☆
8．話し方（声の大きさ、速_{はや}さ、発音、流暢_{りゅうちょう}さ）	☆☆☆☆☆
9．態度_{たいど}（視線_{しせん}、表情_{ひょうじょう}、ジェスチャー）	☆☆☆☆☆
総合評価 _{そうごうひょうか}	★★★★★

コメント	

意見文を書く Writing Opinions

「人工知能と働く」ことについて、これからどうしていくべきか、どうなっていくか、あなたの意見を述べましょう。

> ◇文のスタイル：だ・である体
> ◇長さ：800字程度（± 10% = 720字〜880字）

 書くときのポイント Key points

1. 「人工知能と働く」について、トピックを1つ選びましょう。ディスカッションの内容から、特に興味があることを選び、意見を述べましょう。

2. 選んだトピックについて、何をどうまとめるかを考え、アウトラインを作りましょう。

【はじめに】	① 自分の意見を1文で書いてみましょう。
【本文】	② そう思う理由を2〜3つ挙げましょう。 　1) 　2) 　3)
	③ それぞれの理由について、根拠や引用を挙げましょう。 　1)

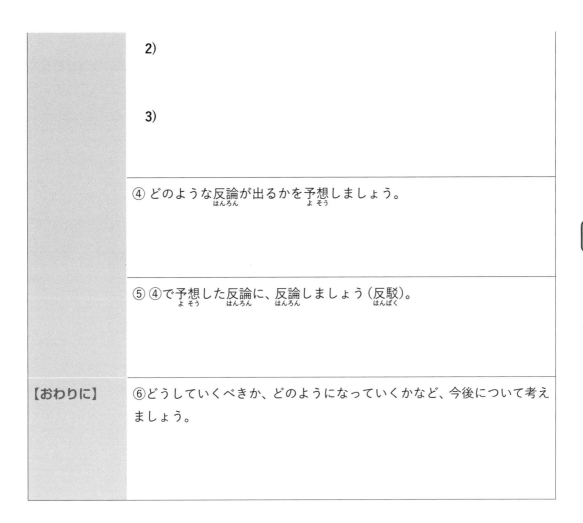

	2)
	3)
	④ どのような反論が出るかを予想しましょう。
	⑤ ④で予想した反論に、反論しましょう（反駁）。
【おわりに】	⑥どうしていくべきか、どのようになっていくかなど、今後について考えましょう。

3. 以下の「作文の流れ」を参考にして、作文を書きましょう。内容に合うタイトルをつけましょう。

作文の流れ

人工知能の進歩によって、人間も働き方を変えなければならないと言われている。では（　トピック　）はどうなのだろうか。わたしは（　①　）ではないかと思う。その理由は2つある。

まず、（　②-1)　）からだ。例えば（　③-1)　）。

それから、（　②-2)　）からだ。○○は（　③-2)　）。

このように考えると（　④　）もあるだろう。だが、（　⑤　）。

以上のことから（　トピック　）は（　①　）ではないだろうか。そのためには（　⑥　）。

123

【引用について】

自分の考えや意見を述べる時、他の人の意見を引用すると、自分の意見がよりわかりやすくなります。ただし、引用する時のルールを守らないと、剽窃 (plagiarism) と思われてしまいます。

ルール１：自分の意見と引用（他の人の意見）をはっきりと区別する。

　1) 自分の意見を表す表現

　・わたしは 〜〜と 思う／考える。

　・~~わたしは~~ 〜〜と 思われる／考えられる／言える。

　・〜〜は、……はずである／だろう／ではないだろうか。

　2) 引用する時の表現

　・＿＿＿＿＿＿＿＿＿＿＿＿＿によると／によれば／では、
　　　　　　（情報源）

　　〜〜ということだ／とされている。

　・＿＿＿＿＿＿＿＿＿＿＿＿＿は、
　　　　　　（情報源）

　　〜〜と述べている／と書いている／と言っている／している／という。

ルール２：どこから引用したか（＝情報源）がわかるようする。

筆者の名字＊（本の出版年）

　＊筆者が２人の場合　→　田中・高橋（2020）
　　筆者が３人以上の場合　→　田中ら（2020）／田中ほか（2020）

<u>ルール３：引用した部分がどこからどこまでかがわかるようにする。</u>

引用には大きく２つの方法があります。

1) **直接引用**：書いてあること、言っていたことをそのまま引用する

> 松原（2018）は、「**これからの AI の議論に求められるものは、分かつことではなく、しなやかに共存する道を探ること**」だとしている。

┌─────────────────────────────┐
│ 書いてあることをそのまま「　　　」に入れる │
└─────────────────────────────┘

2) **間接引用**：内容をまとめたり、言い換えたりして引用する

例

> 松原（2018）は、**これからの議論に必要なのは、人間と人工知能が共存する道を探すことである**としている。

┌─────────────────────────────┐
│ 書いてあることを言い換える │
└─────────────────────────────┘

情報源と引用部分をきちんと示して、自分の意見をよりわかりやすいものにしましょう。

★引用についてより知りたい場合は以下が参考になります。

東京大学教養教育高度化機構初年次教育部門（2017）『科学の技法』東京大学出版会

二通信子ら（2009）『留学生と日本人学生のためのレポート・論文表現ハンドブック』東京大学出版会

Unit 4 人工知能と働く

- □ 1．タイトルと自分の名前が書かれているか。
- □ 2．【はじめに】【本文】【予想_{よそう}される反論_{はんろん}】【反論_{はんろん}に対する反論_{はんろん}（＝反駁_{はんばく}）】という構成_{こうせい}になっているか。
- □ 3．必要な内容_{ないよう}がすべて書かれているか。
- □ 4．（引用_{いんよう}した場合）自分の意見と引用_{いんよう}（他の人の意見）が区別_{くべつ}されているか。
- □ 5．（引用_{いんよう}した場合）情報源_{じょうほうげん}がわかるようになっているか。
- □ 6．（引用_{いんよう}した場合）引用_{いんよう}した部分がわかるようになっているか。
- □ 7．ユニットで学習した表現を使っているか。
- □ 8．字や言葉_{ことば}の間違_{まちが}いがないか。
- □ 9．「だ・である」体_{たい}で、800字程度_{ていど}になっているか。
- □ 10．書式_{しょしき}や体裁_{ていさい}は整_{ととの}っているか。

日本美術
びじゅつ
Japanese Art

美術作品のよさを伝えるには
びじゅつ
How to convey the appeal of a work of art

ていねいに読む　Intensive Reading

松林図屏風
しょうりんずびょうぶ
"Pine Forest" folding screen

すばやく読む　Speed Reading

1 仙厓のおもしろい絵
せんがい
Sengai's amusing painting

2 漫画の始まり「鳥獣人物戯画」
まんが　　　　　　　ちょうじゅうじんぶつぎが
The beginnings of manga: "Choju-Jinbutsu-Giga (Animal Caricatures)"

聞く　Listening

キャッチフレーズ──短い言葉で伝えよう
Catchphrases: Let's convey meaning in pithy expressions

話す活動　Speaking Activity

発表する
はっぴょう
Presentation

書く活動　Writing Activity

紹介文を書く
しょうかいぶん
Writing an Introduction

このユニットのねらい
1) 芸術作品の解説を読み、作品のよさを理解することができる。
2) 芸術作品の特徴を簡潔に表すことができる。
3) 芸術作品の背景と内容について、わかりやすく伝えることができる。

Aims of this unit
1) Be able to read explanations on works of art and understand their merits.
2) Be able to describe the characteristics of a work of art in a concise manner.
3) Be able to convey the background and contents regarding a work of art in an easy-to-understand manner.

1. 美術作品を見るのが好きですか。好きな作品はありますか。それは、どの時代の誰のどのような作品ですか。

2. 日本美術について知っていることはありますか。イラストも参考にしましょう。

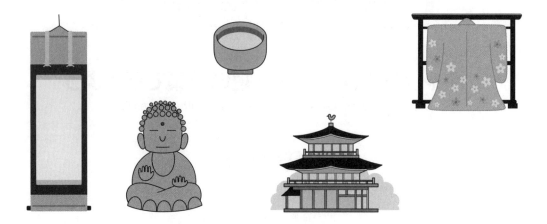

3. 12世紀〜19世紀の日本画を見たことがありますか。どのような日本画を見たのか教えてください。

4. 次のa.～e.は日本の時代です。順番に並べてください。

> **a.** 安土桃山時代　　**b.** 鎌倉時代　　**c.** 室町時代　　**d.** 江戸時代

平安時代 → （　　　　） → （　　　　） → （　　　　） → （　　　　） →明治時代

5. 次の1）と2）は何か、A～Dからそれぞれ1つ選んで（　　　）に書いてください。また、1）と2）の説明として適当なものを①～④からそれぞれ1つ選んで【　　　】に書いてください。

1)　　　　　　　　　　　　　　　　　　2)

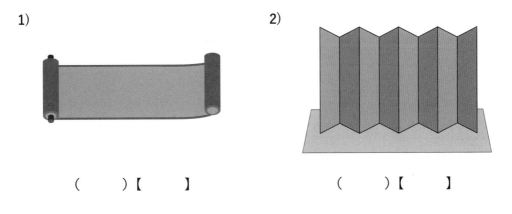

　　　（　　　）【　　　】　　　　　　　　（　　　）【　　　】

> **A.** 屏風　　　**B.** 掛け軸　　　**C.** 巻物　　　**D.** ふすま

① 壁に掛けて飾る縦長の紙。絵や文字がかかれている。

② 部屋に立てて飾る家具。折りたたみ式になっている。

③ 和室と和室の間を仕切る日本式のドア。絵が描かれた紙が貼ってあるものもある。

④ 軸を中心に、横に長い紙をくるくる巻いたもの。絵や文字がかかれている。

◈ 1回目：辞書や単語リストを見ないで読んでください。**かかった時間** ＿＿＿＿分
◈ 2回目：辞書や単語リストで調べた言葉を書いておいてください。

松林図屏風
しょうりんずびょうぶ

🎧 U5-1

　伝統的な日本画には、さまざまな色を使って描かれた絵だけでなく、墨一色で描かれた絵もある。そのような絵を水墨画というが、水墨画は中国から伝わり、室町時代には主流となった。ここでは、日本を代表する水墨画の一つとして、国宝の「松林図屏風」を紹介したい。

5　図１の絵が「松林図屏風」である。「松林図屏風」は、長谷川等伯（1539-1610）という安土桃山時代の画家によって描かれた屏風絵で、東京国立博物館に収められている。

　この「松林図屏風」の特徴として、まず、松林だけを描いた点が挙げられる。松は一年中緑で枯れないことから長生きのシンボルとされ、日本では古くから多くの画家によって、砂浜や海と共に描かれてきた。その典型的な絵が、図２に示した室町時代の屏風絵「浜松図屏風」である。この「浜松図屏風」では、全体を見渡すような上からの視点で、浜辺周辺が捉えられている。そして、海、浜に茂る松林、そこにいる鳥、さらに遠くにいる人々などが、さまざまな色彩を使って描かれている。一方、「松林図屏風」では、松林の近くにあるはずの浜辺も描かれず、また、鳥などの生き物も描かれていない。このように、松だけを対象に描いたところが、それまでの絵と違う「松林図

130

図1 「松林図屏風」 東京国立博物館蔵
しょうりんずびょうぶ　とうきょうこくりつはくぶつかんぞう

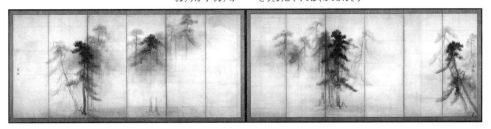

出典：ColBase（https://colbase.nich.go.jp/）

図2 「浜松図屏風」 東京国立博物館蔵
はままつずびょうぶ　とうきょうこくりつはくぶつかんぞう

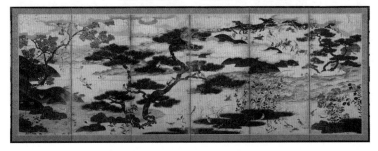

出典：ColBase（https://colbase.nich.go.jp/）

屏風」の新しさだと言われている。
びょうぶ

「松林図屏風」のもう一つの特徴として、松林を見る視点が伝統的な松林
しょうりんずびょうぶ　　　　　とくちょう　　　　　まつばやし　　　　してん　でんとうてき　まつばやし
の絵と異なっている点が挙げられる。「松林図屏風」の画面の中央上部には
　　　あ　　　　　　　　しょうりんずびょうぶ　　がめん　　ちゅうおうじょうぶ
遠景に雪山が描かれており、海を背にした視点から松林を見ていることがわ　　20
えんけい　ゆきやま　か　　　　　　　せ　　　してん　　まつばやし
かる。さらに、地面に近い位置から松を見る視点で描かれていることも、全
　　　　　　　　じめん　　　　　まつ　　　してん　か
体を上から見渡していた「浜松図屏風」のようなこれまでの絵とは異なる。
　　　　　みわた　　　　　はままつずびょうぶ　　　　　　　　　　　　　こと
これらの視点から主題として強調されて松林が描かれているのも、この「松
　　　　してん　しゅだい　　きょうちょう　まつばやし　か　　　　　　　　　　しょう
林図屏風」の新しさだという。
りんずびょうぶ

それでは、絵の主題として強調された松林が、墨を使ってどのように描か　　25
　　　　　しゅだい　　きょうちょう　まつばやし　すみ　　　　　　　　か
れているだろうか。さらに、絵をよく見てみよう。

画面を見ると、まず、4か所に濃い墨で松が描かれているのに気づく。そ
がめん　　　　　　　　　　こ　すみ　まつ　か
して、それらの松の周囲にはさらに薄い墨で何本かの松が描かれている。薄
　　　　　　まつ　しゅうい　　　　　うす　すみ　　　まつ　か　　　　うす
い色の松は濃い色の松より遠くにあるように感じられ、また霧に包まれてい
　まつ　こ　　まつ　　　　　　　　　　　　　　　　きり　つつ
るようにも見える。

このように、「松林図屏風」の松林には、確かに霧がかかっているように見えるのだが、等伯は、墨を使って霧を描いたわけではない。画面に松だけを描き、余白を残したのだ。そして、その余白が、描かれていない霧をイメージさせたのだと言える。

35　画面に余白を残す方法は、はじめは中国の水墨画で用いられ、その後、日本にも伝わって、日本の水墨画でも用いられるようになった。等伯も中国や日本の水墨画を見て絵を学び、この方法を用いるようになったのだが、彼は、余白をより効果的に使うことで、それまでになかった日本の美を画面上に表現することに成功したと評価されている。

40　このように、それまでの絵とは異なる画面構成で松林を描き、余白の美を高い完成度で表現した点で、「松林図屏風」は優れており、多くの人に愛されてきたのである。

理解チェック Check your understanding　🎧 U5-2

文を聞いて、本文と同じだったら○を、違っていたら×を書いてください。

1)　　　　2)　　　　3)　　　　4)　　　　5)

　内容を読み取る Reading comprehension

1. 図1「松林図屏風」と図2「浜松図屏風」について、次の表にまとめてください。

	松林図屏風	浜松図屏風
描かれた時代		
描かれているもの		
描かれた対象を見る視点		
使われている色彩		

2．筆者は、濃い墨と薄い墨で松を描くことによって、松がどのように見えると述べていますか。

3．「松林図屏風」では、余白を残す方法を使うことで、何を表現しましたか。

🎧 考えを述べる・広げる Sharing of knowledge

1．図１「松林図屏風」と図２「浜松図屏風」を比べると、あなたは、どちらの絵のどのような点がいいと思いますか。それはなぜですか。

2．美術作品が、国宝に指定されるための条件とは何だと思いますか。箇条書きにしてください。また、あなたがよく知っている地域・国の国宝を１つ挙げて、それはどの条件に当てはまるのか答えてください。

3．余白を残す方法を使った美術作品の例を挙げてください。また、その作品には、どのような余白の効果がありますか。あなたはそれについてどう思いますか。

4．余白を残す方法は、絵画だけでなく、他の分野でも使われています。例を挙げて、その効果を説明してください。

すばやく読む1　Speed Reading 1

◆辞書や単語リストを見ないで読んでください。**かかった時間**　_____**分**
◆読み終わったら、質問に答えてください。

　内容を読み取る　Reading comprehension

1. 本文の内容と合っているものに○、違っているものに×をつけてください。

1)（　　　　）仙厓は、仏教・禅宗のお坊さんだった。

2)（　　　　）仙厓が画家として本格的に絵を描き始めたのは 60 歳を過ぎてからである。

3)（　　　　）仙厓は、カエルのおもしろい絵を描くために、絵の練習を続けたと言われている。

4)（　　　　）図2の月を指さす布袋の絵には、布袋、子ども、満月、そして、字がかかれている。

2. 仙厓は、絵を通じて、仏教の教えを伝えるために、どのような工夫をしましたか。

考えを述べる・広げる Sharing of knowledge

1. 図1の絵についてどう思ったか答えてください。

1) 図1の絵を見た感想として当てはまるものに〇をつけてください。いくつ〇をつけ
てもいいです。

（　　　）おもしろい絵だ　　　（　　　）上手な絵だ

（　　　）下手な絵だ　　　　　（　　　）わたしにも描ける絵だ

（　　　）カエルの顔が変だ　　（　　　）その他　　〔　　　　　　　　　　〕

2) 1) のように思った理由を答えてください。

2. 図2の絵についてどう思ったか答えてください。

1) 図2の絵を見た感想として当てはまるものに〇をつけてください。いくつ〇をつけ
てもいいです。

（　　　）おもしろい絵だ　　　（　　　）上手な絵だ

（　　　）下手な絵だ　　　　　（　　　）わたしにも描ける絵だ

（　　　）子どもの動きが変だ　（　　　）その他　　〔　　　　　　　　　　〕

2) 1) のように思った理由を答えてください。

3. 仙厓はなぜ<u>上手な絵ではなく、おもしろい絵を描くようになった</u>のですか。また、あなたはこれについてどう思いますか。

4. 絵で本当に言いたいことを伝えるには、他にどのような方法があると思いますか。作品の例を1つ挙げて説明してください。

仙厓のおもしろい絵

図1の絵には、ある生き物が描かれているが、何かわかるだろうか。

これは、仙厓（1750-1837）という江戸時代の仏教・禅宗のお坊さんが描いたカエルの絵である。カエルと一緒に書かれている言葉は、形だけ修行していても仏の教えそのものはわからない、お坊さんの修行の真似ならカエルにでもできるというような意味だという。

図1　「坐禅蛙画賛」出光美術館蔵

仙厓も、最初はお手本を真似して絵の勉強をしたようで、その頃描いた絵も残っている。しかし、60代後半になって、画家として本格的に絵を描くようになると、上手な絵ではなく、おもしろい絵を描くようになった。なぜなら、上手な絵を描いてしまうと、見た人はその絵が上手に描けていることばかりに注目してしまうからだ。本当に言いたいことを伝えるためには、おもしろい絵を描いたほうがよいと思ったのだそうだ。

では、次に、図2の月を指さす布袋の絵を見てみよう。布袋とは、幸せと利益を運んでくる七人の神様、七福神のうちの一人である。この絵には、布袋と、その横で手を広げて跳びはねる子どもが描かれている。子どもは、天の月を取ってくれとでも言っているように見える。しかし、布袋は、夜空の満月を指でさしているものの、絵には月が描かれていない。この絵では、指は仏教の経典、月

図2　「指月布袋画賛」出光美術館蔵

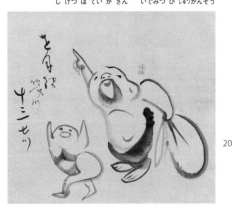

は仏の教えそのものを表す。経典ばかり読んでいても、仏の教えはわからな
25 い、心で月を見なさい、というような意味を伝えようとしているという。

　お坊さんの描いた絵というと、仏教の考え方を伝えるための難しい絵だと
思われがちだ。しかし、仙厓の絵を見ていると、そのユーモアにほっとして
思わずほほ笑んでしまう。そして、絵の世界に魅せられ、そこにある仏教の
教えにも興味を持つようになるのである。このように、仙厓の絵は多くの人
30 に仏教の教えを伝えるのに貢献したと言えるだろう。

すばやく読む2　Speed Reading 2

◇辞書や単語リストを見ないで読んでください。**かかった時間**＿＿＿＿＿＿**分**
◇読み終わったら、質問に答えてください。

内容を読み取る　Reading comprehension

1. 本文の内容と合っているものに〇、違っているものに×をつけてください。

1)（　　　　）「鳥獣人物戯画」に描かれている生き物は、カエルとウサギだけである。

2)（　　　　）「鳥獣人物戯画」には、説明文と絵が交互に描かれている。

3)（　　　　）「鳥獣人物戯画」が描かれた目的ははっきりわかっていない。

4)（　　　　）「鳥獣人物戯画」の絵によって擬人化が始まったと言われている。

2. 擬人化とはどういうことか説明してください。

考えを述べる・広げる　Sharing of knowledge

1. 「鳥獣人物戯画」の絵のカエルとウサギは、それぞれ何と言っていると思いますか。

カエル：

ウサギ：

2. アニメや漫画などから、あなたが知っている擬人化の例を答えてください。また、擬人化されたことによってどのような効果があったと思いますか。

漫画の始まり「鳥獣人物戯画」

図 「鳥獣人物戯画 甲巻」高山寺所蔵

　この絵は、日本のお寺に伝わる絵巻物「鳥獣人物戯画」の中の絵である。
「鳥獣人物戯画」は12～13世紀に描かれた絵巻物である。

　「鳥獣人物戯画」は4本の絵巻物のセットで、そのうち最初の1本には、
上の絵のように、ウサギやカエルなどの動物が描かれている。実はこの「鳥
5 獣人物戯画」は、漫画の始まりとも言われている。

　絵巻物では普通、説明文と絵が交互に出てくるが、「鳥獣人物戯画」には
説明文は書かれていない。そのため、この絵巻物がどのような内容なのか、
何の目的で描かれたのか、はっきりとはわからないのだが、それがかえって、
それぞれの絵に込められた意味を想像しながら見る楽しさをわたしたちにも
10 たらしてくれる。

　具体的にどのような絵が描かれているのか見てみよう。この絵は、向かっ
て一番右のカエルがウサギと相撲をして勝った場面である。ウサギはカエル
に投げられて地面に転び、一方、勝ったカエルのほうは大きな口を開けて、
大きく息を吐いている。また、左のほうに描かれている3匹のカエルは、友
15 達が相撲に勝って喜んでいるように見える。絵の中のウサギやカエルは、二

本足で立ったり、相撲をしたり、手を上げて喜んだりと、まるで人間のようだ。

　人間以外の動物や物に、人間のような動きをさせたり、泣いたり笑ったりさせたりすることを擬人化という。「鳥獣人物戯画」のこの絵には、擬人化されたキャラクターが生き生きと描かれている。シンプルな線で描かれ、その動きや気持ちが生き生きと表現されている点が、現代の漫画やアニメの表現と共通することから、「鳥獣人物戯画」は、漫画の始まりとも言われているのである。

聞く Listening

キャッチフレーズ ── 短い言葉で伝えよう 🎧 U5-5

話を聞いて、次の質問に答えてください。

図　「松林図屏風」　東京国立博物館蔵
しょうりん ず びょう ぶ　　とうきょうこくりつはくぶつかんぞう

出典：ColBase（https://colbase.nich.go.jp/）

内容を聞き取る **Listening comprehension**

1．キャッチフレーズとは、何ですか。

2．この人は、キャッチフレーズに入れるのはどのような言葉だと話していますか。

3．この人は、「松林図屏風」を見ている人に、どのような点に注目するよう話していますか。
しょうりん ず びょう ぶ

4.「松林図屏風」を描いた時の画家について、わかったことを答えてください。
しょうりん ず びょう ぶ　　か　　　　　　がか

 考えを述べる・広げる Sharing of knowledge

1. 内容を聞き取る**2.**の答え以外で、キャッチフレーズに入れる言葉がありますか。

2. キャッチフレーズを考える時、どのようなことに注意したらいいのか、チェックリスト
を作りましょう。

内容について	□ 例）作品を紹介するものになっている。 しょうかい
	□
	□
形式について けいしき	□ 例）わかりやすい言葉が使われている。
	□
	□

3.「松林図屏風」のキャッチフレーズを考えましょう。なぜそのキャッチフレーズにした
しょうりん ず びょう ぶ
のか、理由も答えてください。

　例）キャッチフレーズ「霧に包まれた松林の静けさ」
　　　　　　　　　　　　きり　つつ　　まつばやし　しず
（理由）墨の濃淡と余白を使って霧が描かれていることが印象的だから、「霧」を
すみ　のうたん　よはく　　　　　きり　か　　　　　　　　　いんしょうてき　　　　　　きり
入れたいと思った。また、調べてみると、等伯は静かな絵を理想的だとしていた
　　　　　　　　　　　　　　　　　　とうはく　しず　　　　　りそうてき
ことがわかったので、このキャッチフレーズにした。

Unit
5
日本美術

143

発表する Presentation

みんなに紹介したい絵を1つ選び、キャッチフレーズを使って紹介してください。

発表の後、ぜひ見に行きたいと思った絵を選びましょう。

◇発表時間：3分　　質疑応答：3分　　計：6分
◇スライド：3枚まで＋カバー、参考資料
　　　　　紹介する絵がはっきり見える写真を少なくとも1枚入れてください。

 準備 Preparation

1．お勧めの絵を選んで、その絵について調べましょう。日本の絵でなくてもいいです。

　　1) 基本情報

作品名	例）名所江戸百景　亀戸梅屋舗
作者	例）歌川広重
描かれた年	例）1857年
絵の種類（油絵、水彩画など）	例）版画（浮世絵）
今どこにあるか	例）東京富士美術館

「名所江戸百景　亀戸梅屋舗」
東京富士美術館蔵

　　2) 絵の説明

　例）1856年から1858年に作られた

　　　「名所江戸百景」の中の1つ。

3）絵の特徴
とくちょう

例）紙に入らないぐらい大きく梅が描かれている。
うめ　か

4）その他の情報

例）「名所江戸百景」は、江戸（今の東京）の風景を描いたシリーズで、118枚の絵
めいしょえどひゃっけい　　えど　　　　　　　　　　ふうけい　か　　　　　　　　　　　　　　　まい
がある。ゴッホがこの「亀戸梅屋舗」を真似て絵を描いた。
かめいどうめやしき　　まね　　か

5）絵を見た時のあなたの感想
かんそう

例）色がはっきりと分かれていて、イタリアの旗みたい。
はた

2．キャッチフレーズを考えましょう。

1）選んだ絵のどのような点がおもしろいと思いましたか。

例）ゴッホがこの絵を真似して描いたこと
まね　か

2）そのおもしろさを説明するために、どのような言葉や表現が使えると思いますか。

3）2）の表現を使って、キャッチフレーズを考えましょう。

例）ゴッホも真似した！イタリアの旗と梅の木
まね　　　　　　　　はた　うめ

4）考えたキャッチフレーズについて、以下のことを確認しましょう。

☐ 短くて、簡潔である
かんけつ
☐ わかりやすい
☐ 絵とキャッチコピーが一致している
いっち
☐ 聞いた人が絵に興味を持つ
きょうみ

3．発表の構成を考えましょう。キャッチフレーズを効果的に使うために、何をどの順番で
こうかてき　　　　　　　　　　　じゅんばん
話すといいか考えましょう。

1）発表の内容：調べたことから、絵の紹介に必要な情報を選びましょう。
しょうかい

・例）キャッチフレーズ

・例）絵のタイトル、作者、描いた年
さくしゃ　か

・

2) 発表の構成：どのような順番で話したらキャッチフレーズを効果的に使えるかを考えて、構成を考えましょう。

- ・
- ・
- ・

4. 発表のアウトラインとスライドを考えましょう。

1) 発表のアウトラインを考えましょう。

2) 1) から、スライド全体の構成と各ページに入れる内容を考えましょう。

3) スライドに入れる情報を考えましょう。

例

	スライドの内容	スライドに入れる言葉・文
カバー	発表クラス、発表日 自分の名前 キャッチフレーズ	日本語インテンシブⅡ　202X 年〇月×日 東大太郎 ゴッホも真似した！イタリアの旗と梅の木
説明 （3枚まで）	〈1ページ目〉 亀戸梅屋舗の画像 絵の基本情報 〈2ページ目〉 亀戸梅屋舗の画像 ゴッホが描いた絵 〈3ページ目〉 「亀戸梅屋敷」までの地図	名所江戸百景 亀戸梅屋舗（歌川広重 1857 年） 浮世絵　東京富士美術館 イタリアの旗？ 梅の花 案内板だけ　梅はない
参考資料	画像の URL	東京富士美術館 https://www.fujibi.or.jp/our-collection/profile-of-works.html?work_id=1171 文化遺産オンライン https://bunka.nii.ac.jp/heritages/detail/246690

	スライドの内容	スライドに入れる言葉・文
カバー	発表クラス、発表日 自分の名前 キャッチフレーズ	
説明 （3枚_{まい}まで）	〈1ページ目〉 〈2ページ目〉 〈3ページ目〉	
参考資料		

発表 Presentation

1. 発表を聞きながら、メモを取りましょう。

〈メモ〉

発表した人	
絵のタイトル	
キャッチフレーズ	
見に行きたいと思ったポイント	

2．発表の後で、グループ／クラスで話しましょう。

1) 見に行きたいと思った絵を１つ選びましょう。

2) 見に行きたいと思った理由を考えましょう。

3) 見に行きたいと思った絵についてグループ／クラスで話しましょう。

自己評価 Self-evaluation	☆に色をつけましょう
	評価 ひょうか
１．いいキャッチフレーズが作れたか	☆☆☆☆☆
２．わかりやすいスライドが作れたか	☆☆☆☆☆
３．必要な情報を伝えられたか	☆☆☆☆☆
４．キャッチフレーズを効果的に使う構成だったか こうかてき	☆☆☆☆☆
５．話し方（声の大きさ、速さ、発音、流暢さ） はや　　　　りゅうちょう	☆☆☆☆☆
６．聞き手への配慮 き　て　　　はいりょ	☆☆☆☆☆
７．表現の正確さ	☆☆☆☆☆
８．表現の豊かさ ゆた	☆☆☆☆☆
９．質問にわかりやすく答えられたか	☆☆☆☆☆
10．他の人に質問できたか	☆☆☆☆☆
総合評価 そうごうひょうか	☆☆☆☆☆

コメント	

紹介文を書く　Writing an Introduction

キャッチフレーズを使って、絵の紹介文を書いてください。発表した絵とは違うものでもいいです。

◇文のスタイル：だ・である体
◇長さ：800 字程度（± 10% = 720 字〜 880 字）

 書くときのポイント　Key points

1．キャッチフレーズを作文のタイトルにしましょう。

2．発表のアウトラインとスライドを使って、アウトラインを書きましょう。質疑応答の内容を追加してもいいでしょう。

 例

【はじめに】	絵の基本情報 名所江戸百景 亀戸梅屋舗（歌川広重 1857 年）浮世絵
【本文 1】	作者や絵についての情報 ・名所江戸百景について→ 118 枚のシリーズ ・梅について→「臥竜梅」という有名な梅、多くの人が見に行った、亀戸天神の近く
【本文 2】	キャッチフレーズの説明 ・赤・白・緑の色の使い方がイタリアの旗のようだ ・ヨーロッパの芸術に影響を与えた ・ゴッホもこの絵を真似して描いた
【おわりに】	まとめ ・この絵は東京富士美術館にある ・今は「亀戸梅屋敷」という施設が江東区にあるが、もう梅はない
【参考資料】	東京富士美術館 https://www.fujibi.or.jp/our-collection/profile-of-works.html?work_id=1171 文化遺産オンライン https://bunka.nii.ac.jp/heritages/detail/246690

【はじめに】	絵の基本情報
【本文1】	作者や絵についての情報 <ruby>作者<rt>さくしゃ</rt></ruby>
【本文2】	キャッチフレーズの説明
【おわりに】	まとめ
【参考資料】	

3. 指定された文のスタイルと長さに合わせて、内容を増やしたり減らしたりしましょう。

4. タイトルと内容が合っているかを確認しましょう。

セルフチェック　Check the statements

- ☐ 1. タイトルと自分の名前が書かれているか。
- ☐ 2. 【はじめに】にキャッチフレーズと絵の基本情報が書かれているか。
- ☐ 3. 【本文】に作者や絵についての情報とキャッチフレーズの説明が書かれているか。
- ☐ 4. 【本文】でキャッチフレーズがわかりやすく説明できているか。
- ☐ 5. 【おわりに】に絵に関してお勧めすることが書かれているか。
- ☐ 6. 引用文献リストをつけたか。
- ☐ 7. ユニットで学習した表現を使っているか。
- ☐ 8. 字や言葉の間違いがないか。
- ☐ 9. 「だ・である」体で、800字程度になっているか。
- ☐ 10. 書式や体裁は整っているか。

外来語の取り扱い
がいらいご と あつか
Dealing with Words of Foreign Origin

外来語をどのように取り入れるべきか
がいらいご と い
How should we take in foreign words?

ていねいに読む Intensive Reading
現代における外来語の取り扱い
げんだい がいらいご と あつか
Dealing with words of foreign origin in modern times

すばやく読む Speed Reading
1 カタカナ語の難しさ
むずか
Difficulty imposed by words in katakana

2 日本語における外来語の歴史
にほんご がいらいご れきし
History of foreign words in the Japanese language

聞く Listening
英語の中の日本語
Japanese words found in English

話す活動 Speaking Activity
ディベートをする
Debate

書く活動 Writing Activity
意見文を書く
Writing Opinions

このユニットのねらい

1) 異なる立場の複数の意見について、それぞれの主張を理解することができる。
2) ある問題に関する複数の選択肢の利点と欠点を整理し、立場に応じた解決策を述べることができる。

Aims of this unit

1) Be able to understand the respective arguments made by multiple opinions from different standpoints.
2) Be able to sort the advantages and disadvantages of multiple options for a given problem, and state a solution according to one's standpoint.

1. 「外来語」とは何ですか。日本語で説明してみましょう。

2. 日本語にはどのような外来語がありますか。知っているものを挙げてみましょう。

3. 日本語の外来語にはどのような特徴がありますか。

4. 次の言葉を比べて、使い方や印象に違いがあるか考えてみましょう。

1) かばん ／ バッグ

2) 速さ ／ 速度 ／ スピード

5. 次の２つの文を比べてみましょう。＿＿＿の言葉の意味は同じですか。違う場合、どのように違うか考えてみましょう。

1) ① このトイレットペーパーは雑誌を再利用したものです。

② このトイレットペーパーは雑誌をリサイクルしたものです。

2) ① 田中さんは積極的な人だ。

② 田中さんはポジティブな人だ。

3) ① ここはインターネットのアクセスがよくないので、なかなかメールが見られません。

② ここは交通のアクセスがよくないので、住みたいという人があまりいません。

◇1回目：辞書や単語リストを見ないで読んでください。**かかった時間** ＿＿＿＿＿分

◇2回目：辞書や単語リストで調べた言葉を書いておいてください。

現代における外来語の取り扱い　🎧 U6-1

「知のイノベーションを生み出し、グローバルに活躍する人材を育てるためには、ダイバーシティとインクルージョンを進めることが重要である」

（「東京大学ダイバーシティ＆インクルージョン宣言」より抜粋・一部改訂）

　最近、こうしたカタカナ語が多用されている文を目にする機会がある。外来語はカタカナで表記してそのまま使うのではなく、すでにある日本語に置 5 き換えたり、翻訳表現を使ったりするべきだという意見も少なくない。確かに、和語や漢語に置き換えれば十分な場合はある。その一方で、置き換えるのが難しかったり、カタカナ語のほうがわかりやすかったりする場合もある。そう考えると、外来語をどのように扱うべきかは言葉によって違うと言えるだろう。 10

　文化庁の「新しい『公用文作成の要領』に向けて」（2021）では外来語について、語によって異なる対応が必要であるとして、以下のような提案をしている。

　①すでにカタカナ語として日本語に定着している場合は「そのまま使う」。

153

②カタカナ語より和語や漢語に置き換えたほうがわかりやすいと判断される場合には「言い換える」。

　③現代社会にとって大切な概念として普及や定着が期待されているものはカタカナ語に「説明を付ける」。

　①は、例えば、「コーヒー」や「タクシー」のように戦前から使われているものはもちろん、「スマートフォン」のように比較的新しい語も含まれる。若い人から年配の人までどの世代にも広く使われているカタカナ語の場合、今さら言い換えると、かえって混乱を招くだけだろう。このため、そのまま使い続けるほうがいいと思われる。

　②は、例えば「アウトソーシング」といった言葉が考えられる。これは「業務の一部を外部に委託すること」という意味で、「外部委託」と言い換えることができる。また、言い換えられる語が一つだけではなく、「マンパワー」のように「人的資源」や「人材」「労働力」など、文脈に合わせて違う言葉に言い換えるような場合もある。いずれにしても、言い換えたほうが多くの人が理解できるし、漢字から意味を推測することもできるので、適切な語がある場合は、積極的に言い換えるほうがよいのではないだろうか。

　③は、冒頭にもある「インクルージョン」が例として挙げられる。文化庁（2021）では、「インクルージョン」は、日本語では「受容」と訳されるが、「受容」では、「インクルージョン」が表す「外国人や障害者、性的少数者など社会的少数者を受け入れ、彼らと共に生きる社会を目指そうとする意識改革」といった意味を十分に伝えることができないと述べられている。このように、その語の表す概念がまだ一般的にはなじみの薄いものであっても、現代社会にとって普及や定着が期待されているものは、カタカナ語を使った上で、説明を添えてわかりやすくすることを提案している。これについては、一理あるとは思うが、まだ定着していない概念を持つカタカナ語の使用を推奨するのではなく、和語や漢語で新しい語を作ったほうがいいのではないだろうか。

カタカナ語には日本語をより豊かにするという優れた面がある。しかし、最近は、カタカナ語が多用され、本当に伝えたい意味を読み手に伝えられていないと思われる事例も見られる。書き手は、自分が伝えたいことは何かを見極め、必要に応じて和語や漢語に言い換えるなど、カタカナとうまく付き 45 合っていくことが必要ではないだろうか。

理解チェック Check your understanding　　🎧 U6-2

文を聞いて、本文と同じだったら○を、違っていたら×を書いてください。

1)　　　　2)　　　　3)　　　　4)　　　　5)

内容を読み取る Reading comprehension

1. 文化庁の外来語の取り扱いの提案について下の表をまとめましょう。

　1）下のA〜Hは、文化庁が提案する外来語の取り扱いの理由です。それぞれ①〜③のどれになりますか。

　　A　概念の普及や定着が期待されているから
　　B　和語や漢語に置き換えたほうがわかりやすいから
　　C　すでに日本語に定着しているから
　　D　和語や漢語に置き換えるとその語の意味が十分に伝わらないから
　　E　漢字から意味を推測できるから
　　F　以前から使われているから
　　G　その語の概念がまだ一般的ではないから
　　H　どの世代の人もわかるから

　2）①〜③の方法について、筆者はいい方法だと思っていますか。

	1) 理由	2) 筆者の考え
① そのまま使う		思っている　／　思っていない
② 言い換える		思っている　／　思っていない
③ 説明を付ける		思っている　／　思っていない

2. <u>言い換えられる語が一つだけではない</u>ものについて答えてください。

　　1) 言い換えられる語が一つだけではない場合、文化庁は「言い換えるほうがいい」と
　　　　「言い換えないほうがいい」のどちらを提案していますか。

　　2) 1) をする時、気をつけなければならないことは何ですか。

3. 筆者は日本語での外来語の取り扱いについて、どのような意見を持っていますか。
　　120字程度にまとめてください。

 考えを述べる・広げる Sharing of knowledge

1. 本文の最初にある文を、カタカナ語を使わないで書き換えてみましょう。

> 　知のイノベーションを生み出し、グローバルに活躍する人材を育てるためには、
> ダイバーシティとインクルージョンを進めることが重要である。

> 　

2. あなたの知っている日本語以外の言語を1つ選んでください。

　　1) その言語では外来語をどのように扱っていますか。具体例も挙げてください。

　　2) その扱い方について、どのような意見がありますか。

　　3) その扱い方について、あなたはどう思いますか。

すばやく読む1 Speed Reading 1

◆辞書や単語リストを見ないで読んでください。**かかった時間** ＿＿＿＿＿**分**
◆読み終わったら、質問に答えてください。

内容を読み取る Reading comprehension

1．カタカナ語を用いる場合、気をつけなければならないことは何ですか。3つ挙げてください。

　①

　②

　③

2．カタカナ語の理解度と年代はどのような関係にあるか、本文とグラフを見て1文で説明してください。

考えを述べる・広げる **Sharing of knowledge**

1. 内容を読み取る **1.** の「カタカナを用いる場合、気をつけなければならないこと」を、気をつけたほうがいいとあなたが思う順番（じゅんばん）に並（なら）べてください。なぜその順番（じゅんばん）にしたかも説明してください。

❶

❷

❸

理由：

2. 日本語の勉強や日本語での会話の中で困（こま）ったことについて考えましょう。

1) カタカナ語で困（こま）ったことはありますか。どのようなことだったか説明してください。

2) 「日本語に置（お）き換（か）えることが難（むずか）しいが、意味や概念（がいねん）としては大切だ」と思う単語や表現について考えましょう。

①その単語・表現は何ですか。

②それはどのような意味ですか。辞書（じしょ）で日本語を調べてみましょう。

③辞書（じしょ）で調べた日本語に「置（お）き換（か）えるのは難（むずか）しい」理由を説明しましょう。

④それを外来語（がいらいご）として日本語で使う場合、どのように扱（あつか）うのがいいと思いますか。

⑤①〜④をまとめて、説明してみましょう。

> ①＿＿＿＿＿＿＿＿＿は、辞書（じしょ）で調べると②＿＿＿＿＿＿と書か
> れている。しかし、③＿＿＿＿＿＿＿＿＿＿＿＿＿＿＿＿＿＿＿＿＿
> ＿＿＿＿＿＿＿＿＿＿＿＿＿＿＿＿＿＿＿＿＿＿＿＿＿。
> このため、④＿＿＿＿＿＿＿＿＿＿＿＿＿＿＿＿＿＿＿＿＿＿＿
> ＿＿＿＿＿＿＿＿＿＿＿＿＿＿＿＿＿＿＿＿のがいいと思う。

カタカナ語の難しさ

U6-3

　現代の日本語にはカタカナ語が多く使われているが、外来語をカタカナ語で用いる場合、どんなことに気をつけなければならないだろうか。

　まず、相手がその語を知っているかどうかである。あるカタカナ語の「見聞きしたことがあり、意味をよく知っていた」「見聞きしたことがあり、意味をなんとなく知っていた」という回答者の割合を理解率とすると、2022年の「日本語のゆれに関する調査」（NHK放送文化研究所 2022）では、「インフラ」の理解率は全体で 80% を超えている。だが、年代別にみると、20代から 70 代の間では理解率に大きな差はないが、80 歳以上は「見聞きしたことがあり、意味をよく知っていた」が他の年代より大幅に少なく、理解率が低くなっている。一方、「コンテンツ」の理解率は、全体では約 70% と「インフラ」より低い。学歴別にみると、「インフラ」も「コンテンツ」も最終学歴が大学卒、高校卒、中学校卒となるにしたがって、理解率が下がっている。このように、カタカナ語の理解度は語によって異なるだけでなく、年代や学歴などで差があることに気をつける必要があるだろう。

　次に気をつけなければならないのは、他の言語とは意味が違う場合である。例えば、英語の naive は、「単純な」「世間知らずの」という悪い意味と、「無邪気な」「純真な」というよい意味があるものの、悪い意味で用いられることが多い。一方、日本語の「ナイーブ」はよい意味で使われる上に、「繊細な」「純粋な」という英語の sensitive や innocence に近いものである。ある小説にも、主人公が知人のことを「ナイーブな人、素朴で、純真で…」と言ったところ、英語に詳しい人から「それって褒めているつもりですか。ナイーブってバカってことですよ」と指摘される場面もある。このように、意味が違うだけでなく、印象がまったく違ってしまうこともある。

Unit 6 外来語の取り扱い

10
15
20

159

さらに、カタカナ語と同じ意味の和語や漢語がある場合、どれを使うかで
意味や印象が違うことにも注意が必要だ。例えば、和語の「昼ごはん」は日
常的、話しことば的であるのに対し、漢語の「昼食」は硬い印象で、書きこ
とば的になる。カタカナ語で「ランチ」というと、おしゃれな印象やくだけ
た感じになり、友人との外食や店のメニューや昼の営業という意味を与える。
　このようなことから、外来語をカタカナ語で用いる場合は、相手がその意
味や印象をどう受け取るかを考えて使う必要があると言えるだろう。

図1 「インフラ」（年代別）

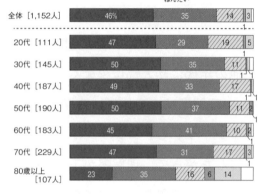

図2 「コンテンツ」（年代別）

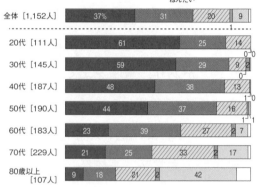

図3 「インフラ」（学歴別）

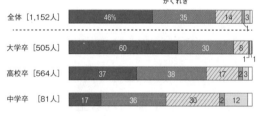

図4 「コンテンツ」（学歴別）

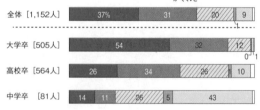

■①見聞きしたことがあり、意味をよく知っていた　■④見聞きしたことはあるが、別の意味だと思っていた
■②見聞きしたことがあり、意味をなんとなく知っていた　□⑤見聞きしたことがなかった
▨③見聞きしたことはあるが、意味をよく知らなかった　□（分からない）

2022年「日本語のゆれに関する調査」より

出典：塩田（2022）より転載

すばやく読む2　Speed Reading 2

内容を読み取る　Reading comprehension

1. 日本にキリスト教が入ってきた時、キリスト教の概念や聖書の事物はどのように扱われたと書かれていますか。３つ挙げてください。

　　　・

　　　・

　　　・

2. 明治時代に新しい事物が入ってきた時、どのように扱われたと書かれていますか。本文に出てくる順番に４つ挙げてください。

　　　①

　　　②

　　　③

　　　④

3. 明治時代の「駅」の表し方は、それぞれ**2.**の ①〜④のどれに当たりますか。

　　　1)「ステーション」「ステンシヨ」「ステイシユン」　　　（　　　　）

　　　2)「鉄道館」や「停車場」　　　　　　　　　　　　　　（　　　　）

　　　3)「駅」　　　　　　　　　　　　　　　　　　　　　　（　　　　）

Unit
6
外来語の取り扱い

考えを述べる・広げる Sharing of knowledge

１．外来語の取り扱いには、試行錯誤と苦労があった とありますが、日本語以外であなた
の知っている言語にも同じような試行錯誤や苦労がありましたか。それはいつ、どのよ
うなものでしたか。

２．明治時代に使われるようになった外来語にはどのようなものがあるか調べてみましょう。
それは **内容を読み取る２.** の①～④のどれになりますか。

・_____　（　①　　②　　③　　④　）

・_____　（　①　　②　　③　　④　）

・_____　（　①　　②　　③　　④　）

・_____　（　①　　②　　③　　④　）

日本語における外来語の歴史

🎧 U6-4

　外来語をどう扱うべきかという悩みは、今に始まったことではない。

　日本にキリスト教が入ってきたのは 16 世紀だが、当時の日本にはなかったキリスト教のさまざまな概念や聖書に出てくる事物は、「訳せば誤解され、訳さなければ悪口を言われる」（鈴木 2017）ものだった。例えば、「神」についてはさまざまな訳語があるが、仏教の用語を用いた「大日」とすれば仏教と誤解され、ラテン語の音を使った「デウス」とすれば意味が伝わらなかった。「地獄」という概念はあっても、仏教のそれとキリスト教のそれは異なるため、日本語には訳さず「インヘルノ」というポルトガル語の音がそのまま使われたこともあった。当時の日本になかった物で、別の物に置き換えても誤解を招かない場合は、例えば「パン」は「餅」にするなど、身近な物で代用することもあった。

　明治時代に欧米の事物が多く日本に入ってきた際にも同じ悩みがあった。この時は、以前からある単語に新しい意味や概念を加えて使ったり、漢字を組み合わせて新しい単語を作ったりした。同じ時期に中国に入り、漢字に翻訳された単語や表現を使ったものもあるし、元の音をそのままカタカナで表したものもある。例えば、明治 5 年（1872 年）に鉄道が開業した頃は、今でいう「駅」は、英語の音を使って「ステーション」「ステンシヨ」「ステイシユン」と書かれたり、「鉄道館」や「停車場」などの言葉が新しく作られたりした。「停車場」と書いて「すていしよん」とふりがながつくこともあった。以前から使われていた「宿や馬を備えている場所」という意味の「駅」が、鉄道の「駅」としても使われるようになったのは明治時代末になってからだという。

　このように、いつの時代も外来語の取り扱いには、試行錯誤と苦労があったのである。

 聞く Listening

会話を聞いて、次の質問に答えてください。

【登場人物】　ロビン：日英バイリンガル（イギリス）
とうじょうじんぶつ
　　　　　　　とも　：日本語ネイティブ

 内容を聞き取る Listening comprehension

1．会話の内容と合っているものに〇、違っているものに×をつけてください。

1) (　　　) オックスフォードの辞書に日本語の「tsunami」が載っている。
じしょ　　　　　　　　　　　　の

2) (　　　) ロビンはイギリスでは津波は起きたことがなかったと言った。
つなみ

3) (　　　) ロビンは日本語の「かわいい」の概念は英語にもあると言った。
がいねん

4) (　　　) ロビンはアメコミのコスプレをしている人を見たら「kawaii」と言う。

2．なぜ「津波」という言葉は英語でも使われるようになったと言っていましたか。会話か
つなみ
らまとめてください。

3．英語で「kawaii」という表現はどのような場合に使われると言っていましたか。会話
からまとめてください。

 考えを述べる・広げる Sharing of knowledge

この会話の「津波」や「かわいい」のように、他の言語でも使われている日本語の単語や表
つなみ　　　　　　　　　　　　　　　げんご
現がありますか。それはどの言語でどのように使われているか、紹介してください。
げんご　　　　　　　　　　　　　　しょうかい

ディベートをする　Debate

「『外来語は音をそのまま使うべきだ』に賛成か、反対か」でディベートしましょう。

　外来語を扱う場合、多くの言語で「音をそのまま使う」という方法が行われています。あなたはこの「外来語の音をそのまま使う」ことに賛成ですか、反対ですか。日本語の場合に限定せずに考えてください。

 準備　Preparation

1．ブレーンストーミングをしましょう。

　　1）ある言語に外来語を取り入れる場合、気をつけなければならないことは何だと思いますか。いくつか挙げてみましょう。

　　2）外来語の取り扱いにはどのようなものがありますか。「音をそのまま使う」以外も考えてみましょう。

3) それぞれの取り扱い方の利点と欠点を挙げましょう。

取り扱い	利点	欠点
例）音をそのまま使う		

2. グループを決めましょう。

・賛成グループと反対グループ、ジャッジに分かれます。

・ジャッジは、賛成グループに対応する人と反対グループに対応する人に分かれてください。

3. ディベートの流れ (p. 91) を確認しましょう。

4. ディベートで使える表現 (p. 92-93) を確認しましょう。

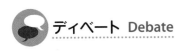 ディベート **Debate**

1. 下の表にメモをしながらディベートをしましょう。

〈ディベートメモ〉 　相談のメモをしたり、聞き取った内容をメモしたりしましょう。
　　　　　　　　そうだん

	賛成グループ さんせい	反対グループ	ジャッジ
1　最初の意見			
2　質問・反論 　　はんろん			
3　質問・反論へ 　　はんろん 　　の答え			
4　最終意見			

2. 客観的にどちらが説得力があったかを考えましょう。

〈ディベート判定表〉

この判定表はジャッジだけでなく、賛成グループ、反対グループの人も各自記入してください。

トピック「『外来語は音をそのまま使うべきだ』に賛成か、反対か」		判定者	
	評価の観点	**賛成**	**反対**
1 最初の意見を述べる	主張の内容がはっきりしていたか 理由・根拠がしっかり述べられていたか 話し方はよかったか（協力して話せたかなど）	／3	／3
2 質問・反論をする	質問や反論の内容ははっきりしていたか いい質問、反論だったか 話し方はよかったか（協力して話せたかなど）	／3	／3
3 最終意見を述べる	理由・根拠を挙げて主張できたか 相手の質問や反論がうまく生かされていたか 話し方はよかったか（協力して話せたかなど）	／3	／3
	合計点	点	点
最終判定	［　賛成グループ　／　反対グループ　］　のほうがより 説得力があった		
最終判定の理由			
コメント			

	評価 ひょうか
1．論理的に意見を述べられたか 　　ろんりてき　　　　　　　の	☆☆☆☆☆
2．相手の話を理解して、適切に対応できたか 　　　　　　　　　　てきせつ	☆☆☆☆☆
3．グループで協力できたか 　　　　　　　きょうりょく	☆☆☆☆☆
4．ディベートに積極的に参加できたか 　　　　　　せっきょくてき	☆☆☆☆☆
5．話し方（声の大きさ、速さ、発音、流暢さ） 　　　　　　　　　　はや　　　　　　りゅうちょう	☆☆☆☆☆
6．態度（視線、表情、ジェスチャー） 　　　　しせん	☆☆☆☆☆
7．表現の正確さ	☆☆☆☆☆
8．表現の豊かさ 　　　　ゆた	☆☆☆☆☆
総合評価 そうごうひょうか	☆☆☆☆☆

コメント	

Unit
6
外来語の取り扱い

意見文を書く Writing Opinions

「外来語の取り扱い」について、あなたの意見を述べましょう。ディベートのグループとは
同じ意見にしなくてもいいです。

◇文のスタイル：だ・である体
◇長さ：800字程度（±10% ＝ 720字～880字）

 ## 書くときのポイント Key points

1．アウトラインを書きましょう。

【はじめに】 意見を述べる 提案する 具体例を挙げる	① 外来語の取り扱いで一番大切だと思うことを1文で書きましょう。 ② 外来語の取り扱いについて、一番よいと思う対応を1つ挙げましょう。 ③ 単語や表現を1つ選び、②の具体例を考えましょう。
【本文】 利点を述べる 注意点を述べる 予想される反論 反駁する	④ ②の利点を2～3つ挙げましょう。 ⑤ ②の注意点を挙げましょう。 ⑥ ②以外の対応を挙げましょう。 ⑦ ⑥の欠点を述べましょう。
【おわりに】 まとめる	⑧ もう一度、①意見と②提案を述べましょう。

2. 「作文の流れ」を参考にして、作文を書きましょう。また、あなたの意見がわかるようなタイトルをつけましょう。

【作文の流れ】

わたしは、外来語を使う場合、（　①　）が大切だと思う。そのためには、（　②　）がよいと思う。

例えば、（　③　）のである。

このようにする利点は、まず（　④-1　）がある。また、（　④-2　）もある。ただし、（　⑤　）ことを忘れてはいけない。

他にも（　⑥　）という方法があるが、（　⑦　）。

以上のことから、外来語は（　①　）ので、（　②　）がいいだろう。

【意見を主張する時の表現】

主張がどのぐらい強いかで表現が変わってきます。自分の主張の強さを考えて、使い分けましょう。

強い　するべき／すべき　です。

しなければならないと思います。

する必要があると思います。

したほうがいいです。

したほうがいいと思います。

したほうが いいのではないかと思います／いいのではないでしょうか。

したほうが いいような気がします／いいように思います。

弱い　したほうがいいかもしれません。

セルフチェック　Check the statements

- □ 1. 【はじめに】に、意見・提案・具体例が書かれているか。
- □ 2. 【本文】に、自分の考えた提案の利点と注意点、予想される反論、反論への反論（反駁）が書かれているか。
- □ 3. 【おわりに】で、自分の意見がわかりやすくまとめられているか。
- □ 4. 全体の流れが論理的か。
- □ 5. 自分の意見をわかりやすく主張できているか。
- □ 6. ユニットで学習した表現を使っているか。
- □ 7. 字や言葉の間違いがないか。
- □ 8. 「だ・である体」で 800 字程度になっているか。
- □ 9. 書式や体裁は整っているか。

身の回りの細菌と健康の関係
み　まわ　　　さい　きん　　　けん　こう
Bacteria Found in Our Surroundings and Our Health

細菌はわたしたちの健康に有害なのか
さいきん　　　　　　　　　　けんこう　ゆうがい
Are bacteria harmful to our health?

ていねいに読む　Intensive Reading

わたしたちの健康と腸内細菌
けん　こう　ちょう　ない　さい　きん
Our health and intestinal bacteria

すばやく読む　Speed Reading

1 家にいる細菌は有害なのか
さい　きん　ゆう　がい
Are bacteria found in the home harmful?

2 細菌の多様性とアレルギー性疾患の関係
さい　きん　た　よう　せい　　　　　　　　　　しっ　かん
The relationship between bacterial diversity and allergic diseases

聞く　Listening

手は洗えば洗うほどいいのか
Is more hand washing better?

話す活動　Speaking Activity

発表する
はっ　びょう
Presentation

書く活動　Writing Activity

レポートを書く
Writing a Class Essay

このユニットのねらい

1) 専門的なトピックのレポートを理解することができる。
2) 自ら問いを立てて、それに答える形のレポートを書くことができる。
3) 論証型のレポートの表現を適切に使い、レポートを書くことができる。

Aims of this unit

1) Be able to understand essays on specialized topics.
2) Be able to formulate questions on one's own and write essays in the form of a response.
3) Be able to write an essay using expressions appropriate for argumentative essays.

1. 「細菌が多い」とよく言われるのはどこですか。聞いたことがある場所を挙げてみましょう。

2. 「健康に悪い」「病気になる」と言われる細菌を知っていますか。それはどのようなものですか。

3. 「体にいい」「役に立つ」と言われる細菌を知っていますか。それはどのようなものですか。

4. 次のものは a. 細菌、b. ウイルス、c. かび のどれが関係しますか。

   1) （　　　　　） 古い牛乳を飲んでおなかが痛くなる。
   2) （　　　　　） パンを何日も置いておくと、緑や赤い物がつく。
   3) （　　　　　） 納豆がねばねばする。
   4) （　　　　　） 蚊に刺されて熱が出る。
   5) （　　　　　） ペニシリンに使われている。
   6) （　　　　　） インフルエンザにかかる。

5. （　　　）に入る言葉を a. 〜 e. から選んでください。必要なら形を変えてください。

a. 高い	b. 囲まれる	c. 崩れる	d. 整える	e. 心がける
	かこ	くず	ととの	

1) 健康のため、早寝早起きを（　　　　　　　　）ている。
けんこう　　　　　　はやねはやお

2) 読書が大好きなので、将来は本に（　　　　　　　）て暮らしたい。
どくしょ　　　　　　　しょうらい　　　　　　　　　　　く

3) ゲームや漫画を捨てて、勉強に集中できる環境を（　　　　　　　）た。
まんが　す　　　　　　　　　　　かんきょう

4) 食事のバランスが（　　　　　　　）と、病気になりやすくなる。

5) 運動をしない人は、病気になるリスクが（　　　　　　　）と言われている。

◆ 1回目：辞書や単語リストを見ないで読んでください。**かかった時間** _____ 分
◆ 2回目：辞書や単語リストで調べた言葉を書いておいてください。

わたしたちの健康と腸内細菌

🎧 U7-1

　　健康な体を維持するためには、規則正しい生活や定期的な運動はもちろん、バランスのよい食事を心がける必要がある。なぜなら、食事が体内環境、特に体内にいる細菌に与える影響は大きいからだ。

　　人間は約60兆個の細胞からできており、その約10倍の数の細菌が体内
5　に存在している。この体内の細菌はわたしたちの健康に重要な役割を果たしている。特に腸の中には細菌が多く、約1,000種類、100兆個の腸内細菌がいつも存在している。その100兆個の細菌は、腸の中でかたまりを作っており、そのかたまりは腸内フローラと呼ばれている。

　　腸内フローラを作っている細菌は、わたしたちの健康への影響という観点
10　から見て、大きく3種類に分けられる。ビフィズス菌などの腸の働きに「役に立つ菌」、大腸菌などの「害になる菌」、そして、そのどちらでもない「日和見菌」である。普段はこの3種類が、役に立つ菌が2割、害になる菌が1割、日和見菌が7割の割合で、バランスを保っている。ところが、そのバランスが崩れて、役に立つ菌が減り、害になる菌が増えていくと、今度は
15　日和見菌までも、腸に害を与えるようになってしまう。といっても、害になる菌や日和見菌を減らして、役に立つ菌だけを増やせばいいというわけでも

ない。腸の中の細菌がこの 2:1:7 という割合でバランスを保っているのが健康な状態なのである。

　腸内フローラは、子どものうちにできあがると言われている。母親のおなかの中にいる間は赤ちゃんの腸の中に細菌はいないのだが、生まれる時に口から細菌が入り、腸内フローラが作られ始める。そして、生まれて3か月ごろから 14 か月ごろまでの間に、腸内フローラが大きく発達し、3歳までに基本的な腸内環境が決まるという。

　最近の研究では、この腸内環境が、腸の病気だけでなく、肥満や糖尿病、心臓病、がんなど、さまざまな病気と関係することが明らかになってきた。また、老化や脳機能にも関係することもわかってきた。幸い、現在では、腸内フローラを構成する細菌の遺伝子情報を解析して、どのような種類の細菌がどのようにかたまりを作っているかが、短時間で調べられるようになった。その結果、どのような病気のリスクがあるか知ることができたり、よい腸内環境を保つためのアドバイスを受けたりできるようになった。

　腸内フローラの状態は、年齢、性別によって違うが、食事も大きな影響を与えることも研究で明らかになっている。どのような食品がよいかは、一人ひとり違うというが、食事によって腸内フローラの状態が変わると、体の健康にも影響するのは誰にでも言えることだ。したがって、健康的な体を維持するためには、食事によって体内の環境を整えながら、体内の細菌と上手に付き合っていくことが重要である。

理解チェック Check your understanding　🎧 U7-2

文を聞いて、本文と同じだったら○を、違っていたら×を書いてください。

1)　　　　2)　　　　3)　　　　4)　　　　5)

内容を読み取る Reading comprehension

1. それぞれの段落に見出しをつけてください。

第1段落	例）はじめに：健康な体を維持するための食事
第2段落	
第3段落	
第4段落	
第5段落	
第6段落	おわりに：

2. 本文の内容を参考に、腸の中の日和見菌はどのような菌か説明してください。

3. 腸内環境は、健康にどのような影響を与えることがわかっていますか。

4. 腸内フローラの研究が進んだ結果、今の医学でできることは何かまとめてください。

 考えを述べる・広げる Sharing of knowledge

1. あなたは、腸内フローラの検査を受けてみたいですか。理由も答えてください。

2. 腸内環境に働きかけて健康な体を維持することを意識して、何か食品を食べていますか。あるいは、食べてみたいですか。また、その食品の働きを科学的根拠も示しながら説明してください。

すばやく読む1　Speed Reading 1

◇辞書や単語リストを見ないで読んでください。**かかった時間** ＿＿＿＿＿**分**
◇読み終わったら、質問に答えてください。

内容を読み取る　Reading comprehension

1．ノースカロライナ州立大学のロブ・ダン教授らが行った調査は、それまでの調査とどのような点が違いますか。

2．ロブ・ダン教授らの調査の結果、わかったことは次のどれですか。すべて選んでください。

（　　　　）家の中には約 80 万種類の細菌が存在する。

（　　　　）それぞれの家には、その家だけに存在する細菌ばかりだった。

（　　　　）家の中には、食品由来の細菌がいる。

（　　　　）家の中の食品に関係がある細菌は、有害な細菌だけだった。

（　　　　）森や野原にしかいないと考えられていた細菌も家の中に存在していた。

（　　　　）家の中には、人間由来の細菌が最も多かった。

（　　　　）人間の皮膚の細胞は死ぬと、家の中に落ちて、有害な細菌が増える原因となる。

考えを述べる・広げる　Sharing of knowledge

1．あなたが知っている地域や国では、人が住む地域で有害な細菌を取り除く対策が行われていますか。どのような対策が行われているのか教えてください。

2．多種多様な細菌と一緒に暮らしているという事実について、あなたは自分や家族の健康の面からどう考えますか。理由も答えてください。

家にいる細菌は有害なのか

　細菌は肉眼では見えない。見えないが、どこにでも存在している。

　1940年代初めに行われた研究の結果、家の中には人間にとって有害な種類の細菌がおり、特に、人が直接触れる枕カバーやトイレの便座などにそのような細菌が多いことがわかった。その後、1970年代の研究では、給湯器の中や排水管などにも、人間にとって有害な種類の細菌がいることが確認された。ただ、この時点では、家の中にいる細菌が有害なものばかりなのか、無害な細菌や役に立つ細菌がいるかどうかなどは調べられていなかった。

　その後、2010年代初め、アメリカ・ノースカロライナ州立大学のロブ・ダン教授らが、家の中にいるあらゆる細菌を調べた。まずは、大学の近くにある町の40軒の家の人たちに、冷蔵庫の中、ドアノブ、キッチンカウンター、枕カバーなど、家の中10か所のほこりを綿棒でこすりとってもらい、それを集めて分析を行った。その結果、全部で約8,000種類の細菌が見つかった。

　次に、ダン教授らは、アメリカ各地の1,000軒の家の人たちから、家の中の4か所をこすった綿棒をサンプルとして送ってもらい、分析を行った。その結果、家の中に約8万種類の細菌がいることを確認した。約8万種類の中には、アメリカ各地に共通して存在している細菌もあれば、ある家だけに存在していた細菌もあった。食品由来の細菌や、普通は森や野原にしかいないと考えられていた細菌も見つかった。その中には有害なものも無害なものも混ざっていた。

　この調査で見つかった細菌の中で最も多かったのは、人間の皮膚由来の細菌だった。皮膚は死ぬとかけらになってはがれ落ちる。わたしたちが家の中を歩き回ってあちこちに皮膚細胞のかけらを落とすと、さらに何千もの細菌

が一つ一つのかけらを食べるために集まってくるのだ。

　このように、わたしたちは気づかないうちに、多種多様な細菌に囲まれて 25
暮らしている。そして、その多くの細菌のことが実はまだよくわかっていな
い。したがって、有害な細菌を取り除くことは必要だが、無害な細菌やその
他のまだよくわかっていない細菌まで取り除かねばならないとまでは言えな
いのだ。家の中のすべての細菌を取り除くことがわたしたちの健康によいこ
となのかどうか、それもまだわかっていないのである。 30

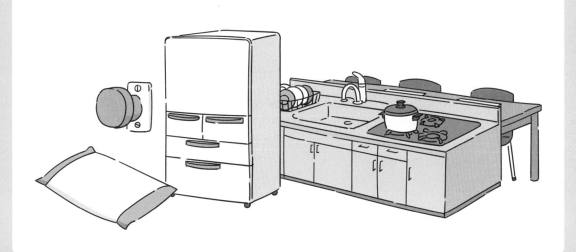

すばやく読む2　Speed Reading 2

◇辞書や単語リストを見ないで読んでください。**かかった時間** ＿＿＿＿＿分
◇読み終わったら、質問に答えてください。

内容を読み取る　Reading comprehension

1. ハンスキらの調査の仮説は何ですか。

2. 調査の結果を、次の表にまとめてください。

	庭に多くの種類の木や草がある家に住んでいる参加者	庭に木や草が少ない家に住んでいる参加者
血液中の IgE 抗体の数		
アレルギー性疾患にかかるリスク		
その他		

考えを述べる・広げる　Sharing of knowledge

1. あなたがよく知っている国や地域には、どのようなアレルギー性疾患の人が多いですか。また、その原因は何ですか。

2. 1.について、どのような対策が提案されていますか。

細菌の多様性とアレルギー性疾患の関係 🎧 U7-4

　最近、ぜんそくや花粉症、湿疹、鼻炎など、免疫に関係がある病気が増えていると耳にする。わたしたちはなぜ、こうした病気になるのだろうか。

　生態学者のイルッカ・ハンスキらの研究グループは、フィンランドとロシア国境で隣り合う町を比べ、開発された衛生状態のよい町ではぜんそくや花粉症になる人が増えているのに対して、昔ながらの生活をしている町ではそのような病気の人がほとんどいないことに気づいた。このことから、人が健康でいるためにはさまざまな細菌に囲まれて生活する必要があり、多様な種類の細菌に触れる機会の少ない地域に住む人々が病気になるのではないかと、研究グループでは仮説を立て、2012 年に調査を行った。

　調査では、免疫に関係がある病気のうち、アレルギー性疾患について調べることにし、フィンランドのある地域で育った 14〜18 歳の若者に参加してもらった。まず、参加者の手の皮膚についている細菌、そして彼らの家の庭の環境が調査された。また、参加者の血液の中に IgE 抗体がどのくらいあるかも測定した。IgE 抗体は、外から入ってきた有害な細菌やウイルス、ほこり、花粉などを攻撃して体を守る働きをする。しかし、1 回 IgE 抗体が体内にでき、次にアレルギーの原因になる細菌やウイルス、ほこり、花粉などが体内に入ってくると、今度はアレルギー反応を起こすようになる。このため、参加者がアレルギー性疾患になるリスクが高いかどうか、血液中の IgE 抗体の数を調べたのである。

　調査の結果、IgE 抗体の数が多く、アレルギー性疾患にかかるリスクが高いのは、庭に木や草が少ない参加者だった。一方、庭に多くの種類の木や草がある参加者は、IgE 抗体の数が少なく、アレルギー性疾患にかかるリスクが低かった。また、彼らの皮膚には、さまざまな細菌がおり、特に土に住む

細菌が多いことが確認された。すなわち、多様な種類の細菌に触れる機会が
ある生活をしている人のほうが、アレルギー性疾患にかかるリスクが低いと
わかったのである。

　もちろん、健康でいるためには、多様な種類の細菌に触れる機会があれば
よいのだと単純に言えるわけではない。ぜんそくや花粉症などの原因はさま
ざまだからだ。しかし、わたしたちが身の回りにいる細菌とうまく付き合っ
ていかねばならないのは、確かだろう。

手は洗えば洗うほどいいのか

図を見ながら話を聞いて、次の質問に答えてください。

図1　手の細菌と手の洗い方

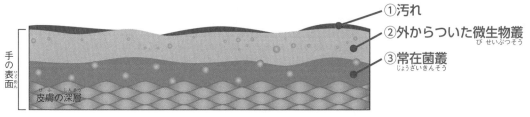

PRO SARAYA(n.d.) より転載

図2　手洗いの時間・回数による効果

手洗いの方法	残存ウイルス量（残存率）*
手洗いなし	約 1,000,000 個
流水で 15 秒手洗い	約 10,000 個 （約 1 ％）
ハンドソープで 10 秒または 30 秒 もみ洗い後、流水で 15 秒すすぎ	数百個 （約 0.01％）
ハンドソープで 60 秒もみ洗い後、 流水で 15 秒すすぎ	数十個 （約 0.001％）
ハンドソープで 10 秒もみ洗い後、 流水で 15 秒すすぎを 2 回繰り返す	約数個 （約 0.0001％）

＊手洗いなしと比較した場合

出典：森功次他：感染症学雑誌、80:496-500,2006

http://journal.kansensho.or.jp/Disp?pdf=0800050496.pdf

野田（2014）より転載

身の回りの細菌と健康の関係

Unit 7

内容を聞き取る **Listening comprehension**

1. 会話の内容と合っているものに○、違っているものに×をつけてください。

1) (　　　　) 悪い細菌から手を守る働きをする菌は、手に一時的につく菌の一部である。

2) (　　　　) 手を洗う目的によって、手の洗い方は異なる。

3) (　　　　) 流水で手を洗えば、病気の原因になるウイルスから身を守ることができる。

4) (　　　　) 料理を作る前やペットに触った後などに、手を洗うとよい。

5) (　　　　) 手についている細菌には、害になるものも役に立つものもある。

2. この発表の内容の順番の通りに、a. ～ f. を並べてください。

(　c　) → (　　　　) → (　　　　) → (　　　　) → (　　　　) → (　　　　)

> a. 手洗いの効果　　b. 手を洗う時の注意　　c. 発表のテーマを選んだ理由
> d. 手の洗い方　　　e. 自分の意見　　　　　f. 手の表面にいる菌について

 考えを述べる・広げる **Sharing of knowledge**

1. 毎日の生活の中で、あなたは、いつ、どのように手を洗っていますか。そのうち、例を1つ選んで、なぜ、その時、そのような方法で手を洗うのか答えてください。

2. あなたは、子どもの時、手を洗うよう言われましたか。また、子どもが手を洗う習慣を身につけるため、どのような方法があるか教えてください。

発表する Presentation

わたしたちの健康と関係する細菌について調べて、発表しましょう。
　　　　　　けんこう　　　　　　さいきん

◇発表時間：5分　　質疑応答：3分　　計：8分
　　　　　　　　　　しつぎおうとう
◇スライド：3枚まで＋カバー、参考資料
　　　　　　まい

 準備 Preparation

1．問いを立てましょう。
　と

　　1)「健康と細菌」に関して、知りたいと思うことを「問い」の形で挙げましょう。
　　　　けんこう　さいきん　　　　　　　　　　　　　　　　と　　　　　　あ

　　　　例）よく聞くことへの疑問：腸内環境を整えると健康にいいのはなぜか
　　　　　　　　　　　　ぎもん　ちょうないかんきょう　ととの　けんこう
　　　　　　習慣に関する疑問：手は洗えば洗うほどいいのか
　　　　　　しゅうかん　　ぎもん

　　2) 立てた問いについて、以下のことを確認しましょう。
　　　　　　と

　　　　□ 問いは「健康と細菌」に関係がある
　　　　　と　　けんこう　さいきん

　　　　□ 問いは具体的である
　　　　　と　　ぐたいてき

　　　　□ 問いの対象は一つである
　　　　　と

　　　　□ 問いは調べることができる
　　　　　と

　　　　□ 問いの答えはみんなの役に立つ
　　　　　と

2．問いについて調べて、考えましょう。
　と

　　1) 問いに関する本や論文、データや資料を調べましょう。
　　　と　　　　　　ろんぶん

2) 調べて、わかったことをメモしておきましょう。

3) 調べたことから、問いに対する答えを出しましょう。

3. アウトラインを書きましょう。

【はじめに】	聞き手への問いかけ 　　1日に何回手を洗うか、1回に何分ぐらい洗うか 問いの理由 　　子どもの頃からよく言われたが、面倒だと思っていた 問いの提示 　　手は洗えば洗うほどいいのか
【本文】	問いの答えに関係するデータや資料の提示 　　1) 手の表面の細菌について（資料1） 　　2) 手の洗い方について（資料2） 　　3) 手を洗いすぎるとどうなるか（資料3）
【おわりに】	問いに対する答え 　　洗えば洗うほどいいというわけではない 聞き手へのメッセージ 　　目的に合った正しい洗い方で、ほどほどに洗おう

【はじめに】	聞き手への問いかけ
	問いの理由
	問いの提示
【本文】	問いの答えに関係するデータや資料の提示
【おわりに】	問いに対する答え
	聞き手へのメッセージ

4. スライドを準備しましょう。

	スライドの内容	スライドに入れる図や表、文
カバー （はじめに）	発表クラス、発表日 自分の名前 発表タイトル	
データ・資料 （3枚まで）	〈1ページ目〉 〈2ページ目〉 〈3ページ目〉	
参考資料	本や論文のタイトル データや資料の URL	

	評価
1．いい問いが立てられたか　※準備1-2）チェックリスト参照	☆☆☆☆☆
2．問いに対する答えが適切か	☆☆☆☆☆
3．データや資料からわかりやすく説明できたか	☆☆☆☆☆
4．わかりやすいスライドが作れたか	☆☆☆☆☆
5．話し方（声の大きさ、速さ、発音、流暢さ）	☆☆☆☆☆
6．聞き手への配慮	☆☆☆☆☆
7．表現の正確さ	☆☆☆☆☆
8．表現の豊かさ	☆☆☆☆☆
9．質問にわかりやすく答えられたか	☆☆☆☆☆
10．他の人に質問できたか	☆☆☆☆☆
総合評価	★☆☆☆☆
コメント	

レポートを書く Writing a Class Essay

わたしたちの健康と関係する細菌について調べて、作文を書きましょう。
　　　　　　けんこう　　　　　　　さいきん

◇文のスタイル：だ・である体
　　　　　　　　　　　　　たい
◇長さ：1,000 字程度（± 10% = 900 字〜 1,100 字）
　　　　　　　　てい ど

 書くときのポイント　Key points

1. 発表のアウトラインとスライド、質疑応答の内容を振り返り、レポートに必要なことを
　　　　　　　　　　　　　　　しつ ぎ おうとう　　　　ふ　かえ
考えましょう。

2. 問いをタイトルにして、アウトラインを考えましょう。
　 と

【序論】 じょろん	①問いを選んだ理由 　と ②どのような問いを扱うか 　　　　　　と　　あつか
【本論】 ほんろん	③調べた結果とその説明／データとその説明
【結論】 けつろん	④わかったこと ⑤わからなかったこと（あれば） ⑥意見・感想など 　　　　かんそう
参考文献 さんこうぶんけん	参考にした資料やデータ

191

3.「レポートの流れ」を参考にしてレポートを書きましょう。書式と体裁が整っているか
確認しましょう。

> **レポートの流れ**

【序論】（　①　）。そこで、本レポートでは（　②　）について検証する。
　じょろん　　　　　　　　　　　　　　　　　　　　　　　　　　　　　けんしょう

【本論】～～について調べたところ、（　③　）がわかった。
　ほんろん

　　　　……によると、（　③　）が明らかになった。

【結論】以上のことから、（　②　）は（　④　）であると言える。
　けつろん

　　　　（　⑤　）については、今後の課題としたい。
　　　　　　　　　　　　　　　　　　　かだい

　　　　この結果から、（　⑥　）。

※（　①　）**の例**

・「健康のために腸内環境を整えよう」と言われているが、それは<u>なぜなのだろうか</u>。
　けんこう　　　ちょうないかんきょう　ととの

・子どもの頃、手をきちんと洗わないと親に怒られた。だが、<u>どうして</u>きちんと洗わ
　　　　　ころ　　　　　　　　　　　おこ
なければならない<u>のだろうか</u>。

> **セルフチェック**　Check the statements
>
> ☐ 1．タイトルと自分の名前が書かれているか。
>
> ☐ 2．【序論】に問いと問いを選んだ理由が書かれているか。
> 　　　じょろん　と　　と
>
> ☐ 3．【本論】に調べた結果／データとその説明がされているか。
> 　　　ほんろん
>
> ☐ 4．データの引用先が本文に入れてあるか。
> 　　　いんようさき
>
> ☐ 5．図や表がある場合、そのタイトル、ラベルなど必要なものがついているか。
>
> ☐ 6．引用したものと自分の考えが違うことがわかるような書き方になっている
> 　　　いんよう
> 　　　か。
>
> ☐ 7．【結論】に問いの答えが書かれているか。
> 　　　けつろん　と
>
> ☐ 8．【結論】に自分の意見や考えが書かれているか。
> 　　　けつろん
>
> ☐ 9．参考文献に引用した資料やデータがすべて正しく書かれているか。
> 　　　さんこうぶんけん　いんよう
>
> ☐ 10．書式や体裁は整っているか。
> 　　　しょしき　ていさい　ととの

企業の社会に対する貢献
きぎょう　　　　　　　　　　こうけん
The Contribution of Companies to Society

企業が果たすべき役割とは何か
きぎょう　　　　　やくわり
What role should companies play?

ていねいに読む　Intensive Reading
企業が行うべきこと
きぎょう
What companies should do

すばやく読む　Speed Reading
1 ヨーグルトで栄養不足と貧困問題に対応
えいよう　　　ひんこん
―グラミン・ダノン・フーズの試み―
こころ

Addressing nutritional deficiency and poverty issues through yogurt:
Efforts made by Grameen Danone Foods

2「共有価値の創造」の方法
きょうゆうかち　そうぞう
Ways of creating shared value

聞く　Listening
企業の社会に対する貢献とは何か
きぎょう　　　　　　　　こうけん
How do companies contribute to society?

話す活動　Speaking Activity
ディスカッションをする
Discussion

書く活動　Writing Activity
説明文を書く
Writing a Report

このユニットのねらい
1) 抽象的・概念的な事柄についての説明を理解することができる。
2) ある基準に基づいて、企業の活動や行動を分析できる。
3) 分析結果について、論理的に評価することができる。

Aims of this unit
1) Be able to understand explanations on abstract and/or conceptual matters.
2) Be able to analyze the activities and actions of companies based on certain criteria.
3) Be able to logically evaluate the results of the analysis.

1. あなたが会社で働くとしたら、どのような会社で働きたいですか。

2. 最近ニュースで話題になった会社がありますか。それは、どのようなニュースでしたか。

3. あなたが考える「いい会社」とは、どのようなことをする会社だと思いますか。

誰／何に対して _{だれ}	すること
従業員に対して _{じゅうぎょういん}	・必要な休みを与える _{あた}
消費者に対して _{しょう ひ しゃ}	・よい品質の商品を作る _{ひんしつ　しょうひん}
地域や社会に対して _{ち いき}	・製品を作る時に環境を汚染しない _{せいひん　　　かんきょう　お せん}
＿＿＿＿＿＿に対して	

4. （　　　）に入る言葉を a. 〜 g. から選んでください。必要なら形を変えてください。

> **a.** 果たす　　**b.** もたらす　　**c.** 目指す　　**d.** 向上させる
> こうじょう
> **e.** 改善する　**f.** 販売する　　**g.** 活性化させる
> かいぜん　　　　はんばい　　　　　　　かっせいか

1) この企業は、健康によい食品を（　　　　　　　　　　）いる。
きぎょう　　けんこう　　しょくひん

2) 親は子どもが健康的な生活ができるよう、親としての責任を
けんこうてき　　　　　　　　　　　　　せきにん
（　　　　　　　　　　）必要があると思う。

3) 貧しい人々の生活の質を（　　　　　　　　　）ための対策を政府には考えてほ
まず　　　　　　　　　　　　　　　　　　　たいさく　せいふ
しい。

4) 地元の人々に利益を（　　　　　　　　）ような会社を作りたい。
じもと　　　りえき

5) わたしたちの会社は、環境にやさしい商品を作ることを（　　　　　　　　　　）
かんきょう　　　しょうひん
いる。

6) 今年は経営状態がよくなかったので、来年は黒字になるよう業務を
けいえい　　　　　　　　　　　　　　　くろじ　　　　　ぎょうむ
（　　　　　　　　　）つもりだ。

7) 高齢化で町の人口が減ってきたので、町を（　　　　　　　　　　）ため、観光に
こうれいか　　　　　　　　　　　　　　　　　　　　　　　　　　かんこう
力を入れることにした。
ちから

◇1回目：辞書や単語リストを見ないで読んでください。**かかった時間** ＿＿＿＿分
◇2回目：辞書や単語リストで調べた言葉を書いておいてください。

企業が行うべきこと

🎧 U8-1

　辞書によると、企業は営利を目的とする組織だと書かれている。しかし、企業は必ずしも利益のみを重視してきたわけではなく、古くは18世紀後半の産業革命のころから、労働者の健康や福祉に配慮したり、孤児院を建てるなど地域社会に対する慈善的な貢献を果たしたりもしてきた。

5　1950年代になって「企業の社会的責任（Corporate Social Responsibility：CSR）」という考えが形成され、企業が社会的責任をきちんと果たしているかには厳しい目が向けられるようになった。例えば、日本では、1960年代半ば以降に各地で公害が問題になり、企業の社会的責任が一般の人々に認識されるようになった。1970年代に起きた二度のオイルショックでは、

10　石油業界による値上げなどの行動が見られ、企業に対する批判が起こった。

　CSRの内容について、日本経済団体連合会ほか（2005）は、国、地域によって考え方が異なるが、一般的には、「企業活動において経済、環境、社会を総合的に捉え、競争力の源泉とし、企業価値の向上につなげること」とした上で、「CSR促進ツール」を作成した。1) これは、<u>企業がCSRに配慮し</u>

15 <u>つつ取り組むべき課題</u>を、課題分野とステークホルダーの二つの側面から整理したものである。ここで挙げられている課題分野は、(1)法律を守って倫理

的に企業活動を行う、⑵情報を適切に管理したり、必要な情報を公開したりする、⑶高品質で安全な製品やサービスを安全な方法で生産し、提供する、⑷人権を守り、従業員を尊重する、⑸環境に配慮して企業活動を行う、⑹社会貢献を行う、の６つである。また、ステークホルダーは、消費者・顧客、取引先、株主、社員、政治・行政、コミュニティ、NPO／NGO、途上国が挙げられている。

　「企業の社会的責任（CSR）」のもとでは、企業が社会的責任を果たすことと利益の増大とは別のものと考えられている。フェア・トレードで農家から高い値段で農産物を購入するなどの例に見られるように、企業が社会的によいことを行うことは価値があると見なされるが、2) そういった行動の実行は企業の業績や予算に左右されがちでもある。

　しかし、こういった社会に対して利益をもたらす社会的価値に加えて、経済的な利益を増大するという経済的価値も同時に実現させることがこれからの企業が目指すべきことだという主張が、マイケル・ポーター教授とマーク・クラマー氏によって 2011 年に提案された。ポーターらは、3) これを「共有価値の創造（Creating Shared Value: CSV）」と名付けている。これは、企業が活動している地域社会において解決が望まれる社会的な課題に対応することは、社会的価値を創ることになり、4) その結果、経済的価値が創られるという考え方である。

　例を用いて考えてみよう。コーヒー豆の生産を行っている村がある。品質がよくないし、いい販売ルートもないので、豆を購入する会社に安くしか買ってもらえず、農家の貧困が問題となっているとする。その村に対して、コーヒー飲料を販売しているある企業が、コーヒー豆の品質を向上させたり栽培を効率化したりするための技術と資金を提供する。そうすると、高品質の豆が生産できる。農家は、その企業に豆を高く買ってもらうことで、収入が上がり、村の貧困問題の解決につながる（＝社会的価値）。企業にとっては、高品質のコーヒーの商品が作られることによって、これまでより売り上

げが伸び、企業の利益が増大する（＝経済的価値）。初期投資や時間はかか
45 るが、企業のこの行動は、村にとっても企業にとっても、また、社会全体と
いう視点から見ても大きな利益をもたらす。ここでは企業と地域社会が「共
有価値」を創り上げているというわけだ。

企業が社会的な責任を果たすことを余力があってはじめてできることと考
えるのではなく、本業を通して社会的な課題に応えつつ、企業として利益を
50 増大させることができるのなら、これは企業が進む新しい方向性となるので
はないだろうか。

理解チェック Check your understanding　🎧 U8-2

文を聞いて、本文と同じだったら○を、違っていたら×を書いてください。

1)　　　　2)　　　　3)　　　　4)　　　　5)

内容を読み取る Reading comprehension

1. 企業の社会的な貢献の例はいつから見られましたか。また、それはどのようなことです
か。

いつから　＿＿＿＿＿＿＿＿＿＿＿＿＿＿＿＿＿＿＿＿＿

どのようなこと　＿＿＿＿＿＿＿＿＿＿＿＿＿＿＿＿＿

2. 日本経済団体連合会ほか (2005) の考えについての質問に答えてください。

1)「CSR 促進ツール」を作ったのは、何のためですか。

2) 下の a. ～ i. は、企業が CSR に配慮しつつ取り組むべき課題 の具体的な例です。そ
れぞれ、課題分野の何番に当たりますか。

a. 製品を作る時に環境を汚さない。　　　（　　　）

b. 顧客の個人情報を守る。　　　（　　　）

c. 使用する際にけがをするような商品を作らない。　（　　　）

d. 消費者に商品の情報を公開する。　　　（　　　）

e. 砂漠に木を植える活動を行う。　　　　　　（　　　）

f. 採用の面接をする時、差別をしない。　　　（　　　）

g. 国の仕事を得るために政治家にお金を渡さない。（　　　）

h. 従業員に休み時間や有給休暇を適切に与える。（　　　）

i. 地域の祭りに寄付をする。　　　　　　　　（　　　）

3.　〰〰〰の言葉がどういう意味か、説明してください。

1) これ　　　　　_____

2) そういった行動　_____　行動

3) これ　　　　　_____　こと

4) その結果　　　_____　結果

4. コーヒー豆の生産の例で、社会的価値と経済的価値はそれぞれ何ですか。

社会的価値　_____

経済的価値　_____

5. CSR（企業の社会的責任）とCSV（共有価値の創造）の「社会に対する貢献」について、次の①〜④はどちらになりますか。CSR、CSVのどちらかを書いてください。

社会に対する貢献は、

① 企業に経済的な利益をもたらさなくてもいい　（　　　　　　）

② 企業の経済的な利益と直接関係する　　　　　（　　　　　　）

③ 余力がある時に行う　　　　　　　　　　　（　　　　　　）

④ 本業を通して行う　　　　　　　　　　　　（　　　　　　）

🎧 考えを述べる・広げる Sharing of knowledge

1. 企業の社会に対する貢献について、知っている例をいくつか挙げてみてください。

2. 1.で挙げた例のうち、「共有価値の創造」の例を選んでください。そして、どのような社会貢献（社会的価値の創造）を行ったか簡単に説明してください。

すばやく読む1　Speed Reading 1

◇辞書や単語リストを見ないで読んでください。**かかった時間** ＿＿＿＿＿＿**分**
◇読み終わったら、質問に答えてください。

内容を読み取る　Reading comprehension

1. 各段落の名前として、a. 〜 d. から最も適当なものを選んでください。

第1段落　はじめに：（　　　　）

第2段落　（　　　　）

第3段落　（　　　　）

第4段落　おわりに：（　　　　）

---

a. グラミン・ダノン・フーズの社会的価値と経済的価値について
b. グラミン・ダノン・フーズの目的とバングラデシュの社会的な課題
c. グラミン・ダノン・フーズの取り組みの変化
d. グラミン・ダノン・フーズのビジネスの方法

---

2. グラミン・ダノン・フーズが解決したいと考えた社会的な課題は何ですか。

3. グラミン・ダノン・フーズが創造した「社会的価値」は何ですか。

4. グラミン・ダノン・フーズが創造した「経済的価値」は何ですか。

考えを述べる・広げる **Sharing of knowledge**

1. あなたは、グラミン・ダノン・フーズが行った取り組みの中で一番評価できることは何だと思いますか。

2. グラミン・ダノン・フーズがどのような会社か調べ、重要だと思う情報を書いてください。

3. グラミン・ダノン・フーズがこれからも成功し続けるためには、何をすることが重要だと思いますか。

ヨーグルトで栄養不足と貧困問題に対応
―グラミン・ダノン・フーズの試み―

　バングラデシュは、子どもたちの二人に一人が栄養失調であるという。こうした子どもたちの栄養状態の改善を目的とし、グラミン・ダノン・フーズという会社は、栄養を強化した子ども向けヨーグルトを製造し、販売している。

5　同社は、ボグラという貧しい村で、乳牛を飼う人たちや椰子の木の実から糖分を取る人たちと契約し、ヨーグルトの原料を作ってもらっている。そして、村の近くに建てた工場でヨーグルトを製造し、できたヨーグルトは、地元の小さな店と契約して売ってもらったり、地元の女性たちが販売員になったりして人々に売っている。つまり、グラミン・ダノン・フーズは、単に栄

10 養を強化したヨーグルトを製造している会社というだけでなく、ヨーグルトの製造から販売までを地元の村の人が行い、彼らが収入を得られるようにした会社なのである。

　しかし、このビジネスは最初からうまくいったわけではない。同社を始めた 2006 年当初は、地元でしか販売していなかったので、販売ルートが限ら

15 れ、売り上げが伸びなかったのだ。また、同社のヨーグルトは他の会社の製品より安かったので人々の反応は悪くなかったが、それでも貧しい家にとっては高いため、計画通りには売れず、地元の子どもたちの栄養状態の改善にまでは至らなかった。加えて、世界的に食品の価格が上がった影響で、バングラデシュでも牛乳が値上がりし、ビジネスは赤字になった。そこで、

20 2008 年には首都のダッカでも販売することにした。最終的に、首都ダッカと地方都市と地元とで異なる価格でヨーグルトを売ることで、ビジネスの状況は安定してきたという。現在では、グラミン・ダノン・フーズは、ヨーグ

ルトを通じて、貧しい子どもたちの栄養状態を改善し、地元の経済を活性化させた会社として世界で注目されている。

　同社のビジネスは、村の貧困問題の解決の一歩になった。同時に、会社も 25 売り上げが伸び、利益を上げている。グラミン・ダノン・フーズの取り組みは、会社と地域社会が社会的価値と経済的価値を共有している事例と言える。

◇辞書や単語リストを見ないで読んでください。**かかった時間**　＿＿＿＿＿**分**
◇読み終わったら、質問に答えてください。

 内容を読み取る Reading comprehension

1. 本文の①〜③の □□□□ に入る言葉を a.〜 c. から選んでください。

　　a. 企業が所在する地域に産業クラスターをつくる
　　　　きぎょう　しょざい　　　　　　ちいき
　　b. 原材料から製品の製造、販売までのプロセスを見直す
　　　　げんざいりょう　せいひん　せいぞう　はんばい　　　　　　みなお
　　c. 製品と市場を見直す
　　　　せいひん　　みなお

　　① （　　　） ② （　　　） ③ （　　　）

2. この本文に書かれている I 社が解決したいと考えていた社会的な課題は何ですか。3つ
　　　　　　　　　　　　　　　　　　　　　　　　　　　　　　　　かだい
　　挙げてください。
　　あ

　　・＿＿＿＿＿＿＿＿＿＿＿＿＿＿＿＿　　・＿＿＿＿＿＿＿＿＿＿＿＿＿＿＿＿

　　・＿＿＿＿＿＿＿＿＿＿＿＿＿＿＿＿

3. I 社が創造した「経済的価値」は何ですか。
　　　　　　　そうぞう　　けいざいてきかち

 考えを述べる・広げる Sharing of knowledge

1. I 社が共有価値を創造できたのは、具体的にどのような取り組みを行ったからだと思い
　　　　　きょうゆうかち　そうぞう　　　　　ぐたいてき　　　　　　　　とく
　　ますか。

2. 主力商品を中心に、共有価値（＝社会的価値と経済的価値）を創造 するには、どのよう
　　しゅりょくしょうひん　　　きょうゆうかち　けいざいてきかち　そうぞう
　　な企業だとそれが実行しやすくなると思いますか。
　　きぎょう

「共有価値の創造」の方法

　ポーターとクラマー（Porter and Kramer: 2011）は、「共有価値の創造」という考えを提唱し、企業は社会的価値を創造することで経済的価値を創造できると述べ、その方法を3つ挙げている。一つ目は、【　①　】こと、二つ目は、【　②　】こと、三つ目は、【　③　】ことである。

　ここでは、お茶を製造、販売し、主にペットボトルで緑茶飲料を売っているある日本企業（I社）の取り組みをもとに、この3つの方法を具体的に見ていきたい。

　アメリカでは肥満率の高さが社会問題となっており、その原因の一つとされるのが、砂糖のたくさん入った高カロリー飲料である。I社は2001年にアメリカ市場に進出し、無糖の緑茶飲料の販売を始めた。当時、アメリカには砂糖の入っていないお茶の商品はなかったが、I社は無糖の緑茶飲料という市場を開拓し、売り上げを伸ばすことに成功した。これが【　①　】という方法で、I社は無糖の緑茶でアメリカ社会の肥満という社会的課題に応え、利益を上げることができている。

　日本では、高齢化が原因で各地の畑が減っており、茶畑も減少している。畑は放っておくと荒地となり、地域の問題となる。その畑で働いていた人々の雇用の問題も起こる。そこでI社は、高齢化によって放っておかれている畑を茶畑とすることにした。その際、農家が茶畑を作るサポートをするだけではなく、茶葉の生産に関する技術やノウハウを提供した。生産された茶葉はI社がすべて買い取っている。これによって、I社は、原価を低くおさえ、高品質のお茶を作ることに成功している。これが、【　②　】という方法で、I社は低コスト化を実現した。I社は荒地と雇用という地域の社会的な課題に対応し、利益を上げている。

Ｉ社が関わる茶畑の周りには、地元の人たちが運営するお茶の加工工場や
研究機関が設立されたり、金融ファンドが存在したりすることもある。Ｉ社
の新しい茶畑を中心として産業の集中地域ができ、地域が活性化しているの
だ。これが、【　③　】という方法である。

　以上のことから、Ｉ社は、緑茶飲料という一つの主力商品を中心に、共有
価値（＝社会的価値と経済的価値）を創造していると言えよう。

聞く Listening

企業の社会に対する貢献とは何か
（き ぎょう　　　　　　　　　こうけん）

 U8-5

話を聞いて、次の質問に答えてください。

内容を聞き取る Listening comprehension

1. 話の中に、どのような社会貢献の例が出てきましたか。①は社会貢献の例を入れ、②と
   ③は適当なほうを選んで、表を完成させてください。
   （こうけん）（てきとう）（かんせい）

① 社会貢献の例	② 経済的な利益を目的としているか	③ 企業がそれを行う時
	している／していない	景気がいい時／景気に関係がない
	している／していない	景気がいい時／景気に関係がない
	している／していない	景気がいい時／景気に関係がない
	している／していない	景気がいい時／景気に関係がない

2. 清水さんは、社会貢献が企業に経済的な利益をもたらしているかどうかについて、「ど
   （しみず）（こうけん）（きぎょう）（けいざいてき）（りえき）
   ちらがいいということではないと思います」と言っています。それはなぜですか。

3. インタビューをしている人は、最後に「企業の社会に対する貢献にはいろいろな形があ
   （きぎょう）（こうけん）
   ることがわかりました」と言っています。「いろいろな形」とはどのような意味ですか。

考えを述べる・広げる Sharing of knowledge

1. 企業に経済的な利益を直接もたらさない社会貢献を企業が行うことは必要だと思います
   （きぎょう）（けいざいてき）（りえき）（こうけん）（きぎょう）
   か。それは、どうしてですか。

2. あなたが企業の立場だったら、直接的な利益になる社会貢献とそうではない社会貢献の
   （きぎょう）（りえき）（こうけん）（こうけん）
   どちらを行いたいですか。

ディスカッションをする　Discussion

「共有価値の創造」を行っている企業について各自が1社を紹介し、グループで紹介された企業の共通点と特別な点についてディスカッションしましょう。

 準備　Preparation

1. 「共有価値の創造」を行っている企業について調べ、下の表にまとめてください。

企業情報・商品	
社会的な課題	
企業が行ったこと	
社会的価値	
経済的価値	
その他の情報	

2. **1.** について、グループのみんなに3分程度で話せるように練習しましょう。

3. ディスカッションの表現 (p. 117-121) を確認しましょう。

発表とディスカッション Presentation and Discussion

1. 準備1.で調べたことについて1人ずつ発表し、ディスカッションをしましょう。

> 発表：1人3分程度
> ディスカッション：20分

1) 3〜4人のグループに分かれて、司会者、書記、報告者を決めてください。その後、1人ずつ発表しましょう。

2) グループで話し合って、次の2つについて考えてください。

　① 紹介された企業に見られる共通点は何か

　② ある企業に特別な点は何か

2. ディスカッションの内容をクラスで報告しましょう。

1) 自分たちのディスカッションがどのような内容だったかを報告しましょう。
（2分程度）

2) 他のグループの報告を聞いて、わからないことを質問しましょう。

3. まとめと振り返り

1) 自分たちのディスカッションの内容や他のグループの報告から発見したこと、気づいたこと、わからないことなどを挙げましょう。

2) ディスカッションを振り返って、よくできたこと、改善したほうがいいことなどを挙げましょう。

自己評価 Self-evaluation

☆に色をつけましょう

	評価 （ひょうか）
1．簡潔にわかりやすく意見を言えたか 　　かんけつ	☆☆☆☆☆
2．論理的に意見を述べられたか 　　ろんりてき　　　　　の	☆☆☆☆☆
3．相手の話を理解して、適切に対応できたか 　　　　　　　　　　　てきせつ	☆☆☆☆☆
4．わからないことを聞き返したり確認したりしたか 　　　　　　　　き　かえ	☆☆☆☆☆
5．ディスカッションを進めるに値するアイデアや視点を積極的に話せたか 　　　　　　　　　　　　あたい　　　　　　　　してん　せっきょくてき	☆☆☆☆☆
6．ターンをうまく取ることができたか（割り込まない、持ちすぎない） 　　　　　　　　　　　　　　　わ　こ	☆☆☆☆☆
7．自分の役割（司会・書記・報告者）を果たせたか 　　　　やくわり　しかい　しょき	☆☆☆☆☆
8．話し方（声の大きさ、速さ、発音、流暢さ） 　　　　　　　　　　はや　　　　　りゅうちょう	☆☆☆☆☆
9．態度（視線、表情、ジェスチャー） 　　　しせん	☆☆☆☆☆
総合評価 そうごうひょうか	☆☆☆☆☆

コメント	

説明文を書く　Writing a Report

ある企業の「共有価値の創造」について報告してください。
（きぎょう）（きょうゆうかち　そうぞう）

◇文のスタイル：だ・である体
（たい）
◇長さ：1,000字程度（±10％＝900字～1,100字）
（ていど）

書くときのポイント　Key points

1. ディスカッションの準備の表（p. 208）を利用して、アウトラインを書きましょう。
（じゅんび）
ディスカッションの内容を追加してもいいでしょう。
（ついか）

例

【はじめに】	はじめに ・グラミン・ダノン・フーズ：グラミン銀行のファミリー会社4社とダノンが共同で作った会社。子ども向けヨーグルトの製造と販売 （む） ・ここでは、グラミン・ダノン・フーズが行ったヨーグルトの製造・販売がどのように「共有価値の創造」を達成しているか説明する （せいぞう）（はん）（ばい）（きょうゆうかち　そうぞう）（たっせい）
【本文】	社会的な課題 （かだい） ・バングラデシュでは、子どもたちの二人に一人が栄養失調 （えいようしっちょう） 企業が行ったこと （きぎょう） ・貧しい村で、乳牛を飼う人たちや椰子の木の実から糖分を取る人たちと契約　→ヨーグルトの原料 （まず）（にゅうぎゅう　か）（やし）（とうぶん） （けいやく）（げんりょう） ・村の近くに建てた工場でヨーグルトを製造 （せいぞう） ・地元の小さな店と契約して売ってもらう （じもと）（けいやく） ・地元の女性たちが販売員になって売る （じもと）（はんばいいん） 企業が行ったことの社会的価値 （きぎょう）（かち） ・貧しい子どもたちの栄養状態を改善 （まず）（えいよう）（かいぜん） ・地元の経済を活性化 （じもと　けいざい　かっせいか） 企業が行ったことの経済的価値 （きぎょう）（けいざいてきかち） ・ヨーグルトの売り上げによって利益を得ている （りえき）
【おわりに】	まとめ　特別な点 ①1つの会社（ダノン）だけが行っているのではない ②この会社は利益を、株主に渡すのではなく、事業に還元している （りえき）（かぶぬし　わた）（じぎょう　かんげん）

【はじめに】	はじめに
【本文】	社会的な課題 企業が行ったこと 企業が行ったことの社会的価値 企業が行ったことの経済的価値
【おわりに】	まとめ

2. 指定された文のスタイルと長さに合わせて、内容を増やしたり減らしたりしましょう。

3. 文章の内容にふさわしいタイトルをつけましょう。

セルフチェック Check the statements

- ☐ 1．タイトルと自分の名前が書かれているか。
- ☐ 2．【はじめに】にこのレポートの目的が書かれているか。
- ☐ 3．【本文】に社会的な課題と企業が行ったことがわかりやすく書かれているか。
- ☐ 4．【本文】に社会的価値と経済的価値が書かれているか。
- ☐ 5．【まとめ】としてその企業の特別な点など、まとめにふさわしい内容が書かれているか。
- ☐ 6．ユニットで学習した表現を使っているか。
- ☐ 7．字や言葉の間違いがないか。
- ☐ 8．「だ・である体」で、1,000字程度になっているか。
- ☐ 9．指定された形式（文のスタイルなど）になっているか。
- ☐ 10．書式や体裁は整っているか。
- ☐ 11．引用文献リストをつけたか。

文型表現さくいん

あ

～（た）上で	U6-2
～うちに	U7-1
～得る／得ない	U3-2
～おそれがある	U2-1

か

～がちだ	U1-2
体の一部を使った慣用句	U7-3
グラフの表現	U2-4
～ことが明らかになった	U7-2

さ

～さえ～ば	U1-5
～ざるを得ない	U2-2
～ずに済む	U4-2
接続の表現	U3-1

た

確かに、～もある（だろう）。しかし、～。	U3-3
～つつ	U8-1
～つつ（も）	U1-3
～であろう／～よう	U8-3
～ではない（だろう）か	U4-1
～としても	U1-4
～とする	U4-3

な

～ないわけにはいかない	U2-3
N に応じて	U6-3
N にとって	U8-2
～ねばならない	U1-1

ま

～ものの	U5-3

や

～よう／～であろう	U8-3
～ようとする	U6-1
より～	U5-2

わ

～わけではない	U5-1

単語さくいん

IR	ていねいに読む
SR1	すばやく読む1
SR2	すばやく読む2
L	聞く

あ

アウトソーシング outsourcing　U6-IR
あえて dare to; deliberately do　U1-SR2
あかじ 赤字 in the red; lose money
　U8-SR1
あげる 挙げる
　to give (as an example, etc.)　U2-SR2
あせる 焦る to panic　U1-L
あたたかみ 温かみ warmth　U4-SR2
～あたり ～当たり per ~　U2-SR2
あたりまえ 当たり前 as a matter of
　course; natural　U3-SR1
あちこち here and there　U7-SR1
あつかう 扱う to handle; to deal with
　U2-IR
あとまわし 後回し putting off　U1-IR
アメコミ American comics　U6-L
あやつる 操る
　to operate; to manipulate　U4-IR
あらかじめ in advance　U4-SR2
あらた(な) 新た(な) new　U2-IR
あらゆる all kinds of　U3-L
あらわす 表す to represent; to express
　U1-SR1
あるきまわる 歩き回る to walk around
　U7-SR1
あれち 荒地 wasteland　U8-SR2
あれる 荒れる to become rough　U7-L
アレルギー allergy　U7-SR2
あれるぎーせいしっかん アレルギー性疾
　患 allergic disease　U7-SR2
あわてる 慌てる
　to be flustered; to panic　U1-SR1
あんてい 安定 stable; to stabilize
　U2-SR1

い

～い ～位 (1st, 2nd, etc.) place
　("number + 位")　U2-L
いいあらわす 言い表す to express
　U3-IR

いいかえる 言い換える to rephrase;
　to use other words　U6-IR
いいわけ 言い訳 excuse　U1-SR1
いがい(な) 意外(な)
　unexpected; surprising　U4-SR1
いきいきと 生き生きと
　in a lively manner　U5-SR2
いきさき 行先 destination　U4-L
いきもの 生き物 living creature　U5-IR
～いこう ～以降 after ~; following ~
　U2-IR
いしょくじゅう 衣食住
　food, clothing and shelter　U2-IR
いぞん 依存 reliance; to rely on
　U2-SR1
いたく 委託 entrustment; to entrust
　U6-IR
いたる 至る to reach; to arrive at
　U2-SR2
いたるところ everywhere　U3-IR
いちりある 一理ある have a point
　U6-IR
いっしょく 一色 one color　U5-IR
いってい 一定 a certain (amount,
　number, etc.)　U2-IR
いでんし 遺伝子 gene　U7-IR
いと 意図 intention; to intend　U3-IR
いどう 移動 movement; to move
　U4-L
イノベーション innovation　U6-IR
いまさら 今さら
　too late (for something, etc.)　U6-IR
イメージ image; impression;
　to visualize　U4-IR
イメージアップ improvement of one's
　image/impression　U8-L
いりょうひん 衣料品 clothing　U2-IR
いれかえる 入れ替える
　to turn over (a new leaf, etc.)　U1-L
いわゆる so-called　U3-IR
インクルージョン inclusion　U6-IR
いんたい 引退 retirement; to retire
　U4-L
インフラ infra (structure)　U6-SR1
インヘルノ Inferno　U6-SR2
いんりょう 飲料 drink; beverage
　U8-IR

う

ウイルス virus　U7-SR2

うけいれる 受け入れる to accept
　U2-SR2
うごき 動き movement　U2-SR2
ウサギ rabbit　U5-SR2
うつす 移す to move; to relocate
　U2-IR
うつす 映す to project; to reflect
　U3-IR
うったえる 訴える to appeal to;
　to raise (issue, etc.) with; to sue
　U3-SR2
うばう 奪う to take away; to steal
　U4-IR
うみだす 生み出す
　to generate; to create　U6-IR
うりあげ 売り上げ sales　U8-SR1
うわまわる 上回る
　to exceed; to surpass　U2-IR
うんえい 運営 operation; to operate
　U8-SR2
うんよう 運用 operation; to operate
　U3-IR

え

エアバッグ airbag　U2-IR
えいぎょう 営業 operation; opening
　hours (of store); to be in business
　U6-SR1
えいせい 衛生 hygiene　U7-SR2
えいぞう 映像 imagery　U3-IR
えいよう 栄養 nutrition　U8-SR1
えいようしっちょう 栄養失調
　malnutrition　U8-SR1
えいり 営利 profit　U8-IR
えがく 描く to depict; to draw　U3-IR
えきかてんねんがす 液化天然ガス
　liquefied natural gas　U2-SR1
エネルギー energy　U2-SR1
えらい admirable　U1-L
えんけい 遠景 distant view　U5-SR2
えんだかどるやす 円高ドル安
　strong yen, weak dollar　U2-IR

お

オイルショック oil shock
　U2-SR1　U8-IR
おうべい 欧米 Europe and America
　U6-SR2

214

おおはば（な）　大幅（な）
substantial; by a wide margin
U2-IR　U3-SR2　U6-SR1
おきかえる　置き換える　to replace
U4-IR　U6-IR
おくりむかえ　送り迎え　pick-up and
drop-off; to pick up and drop off
U4-L
おくゆき　奥行き
depth; depth of field　U5-L
おこしいただく　お越しいただく
to arrange to have someone come/
visit　U3-L
おさえる　to suppress; to keep down
U8-SR2
おさめる　収める　to hold; to store　U5-IR
おしゃれ（な）　chic; stylish　U6-SR1
おすすめ　お勧め　recommendation
U1-SR2
おそう　襲う　to attack　U3-IR
おそろしい　恐ろしい　scary　U4-IR
おとこゆ　男湯　men's section in a
public bathhouse　U3-SR1
おとずれる　訪れる　to come; to visit
U4-IR
おぼうさん　お坊さん　monk　U5-SR1
おも（な）　主（な）　main　U2-IR　U4-SR1
おもいこむ　思い込む　to be under the
impression that
U1-IR
およそ　around　U4-IR
おんなゆ　女湯　women's section in a
public bathhouse　U3-SR1

か

～か　～化　~ify　U8-IR
がい　害　harm　U7-IR
かいぎょう　開業　opening of business;
to open a business　U6-SR2
かいけい　会計　accounting　U4-SR1
かいけつ　解決　solution; to solve
U4-SR2
かいご　介護　nursing care; to nurse
(sick or elderly, etc.)　U4-L
がいこうかん　外交官　diplomat　U1-L
がいしょく　外食
eating out; to eat out　U6-SR1
かいすう　回数　number of times
U1-SR1
かいせき　解析　analysis; to analyze;
to decipher　U7-IR
かいぜん　改善
improvement; to improve　U8-SR1
かいたく　開拓　trailblazing; to pioneer;
to be the first to cultivate　U8-SR2

かいとう　回答　response; answer;
to respond; to answer　U6-SR1
かいとる　買い取る　to buy　U8-SR2
かいはつ　開発　development;
to develop　U2-IR　U3-L
がいぶ　外部　outside; external　U6-IR
かいふく　回復　recovery; to recover
U2-IR
がいらいご　外来語
words of foreign origin　U6-IR
かう　飼う　to keep (animals, etc.)
U8-SR1
かえって　on the contrary; rather;
instead　U5-SR2　U6-IR
カエル　frog　U1-SR1　U5-SR1
がか　画家　painter　U5-IR
かかく　価格　price　U2-IR
かがく　化学　chemical　U2-IR
かかくこうしょう　価格交渉　price
negotiation; to negotiate the price
U2-SR1
かかせない　欠かせない
cannot do without; indispensable
U1-IR　U2-SR1　U3-SR2
かきことば　書きことば
expression used in writing　U6-SR1
かきだす　書き出す　to write out　U1-IR
かきて　書き手　writer　U6-IR
かきとめる　書き留める
to write down; to jot down　U1-SR2
がく　額　amount; monetary figure
U2-IR
かくじつ（な）　確実（な）　without fail
U1-IR
かくしどり　隠し撮り
voyeuristic filming; taking photos via
hidden cameras　U3-IR
かくしん　確信　certainty; to be certain
U4-SR2
かくだい　拡大　expansion; to expand
U2-L
かくち　各地　various places;
many regions　U7-SR1　U8-IR
かくほ　確保　securement; to ensure;
to secure　U2-SR1
かくりつ　確率　probability　U4-IR
がくれき　学歴
educational background　U6-SR1
かけら　fragment; piece　U7-SR1
かこ　過去　the past　U1-SR2
かこう　加工　process; to process
U2-SR1　U8-SR2
かこむ　囲む　to surround　U7-SR1
かじょうがき　箇条書き
itemizing using bullet points　U1-SR2

かせいたんさき　火星探査機
Mars probe　U2-IR
かせきねんりょう　化石燃料　fossil fuel
U2-SR1
かせつ　仮説　hypothesis　U7-SR2
がぞう　画像　image; imagery　U3-SR2
かたい　硬い　hard; formal　U6-SR1
かだい　課題　assignment　U1-L
かだいとしょ　課題図書　assigned book
U1-L
かたまり　lump　U7-IR
かち　価値　value　U8-IR
かつ　and also; as well as　U1-IR
かっきてき（な）　画期的（な）
revolutionary　U1-SR2
かっこく　各国　many countries;
each country　U1-SR2　U2-IR
かっせい　活性　vitality　U8-SR1
がっと・うるぐあい・らうんどこうしょう
ガット・ウルグアイ・ラウンド交渉
GATT Uruguay Round negotiations
U2-SR2
かつやく　活躍　flourishing; to flourish;
to play an active role　U6-IR
かなしみ　悲しみ　sadness　U5-L
かぶぬし　株主　shareholder　U8-IR
かふん　花粉　pollen　U7-SR2
かふんしょう　花粉症　hay fever　U7-SR2
がめん　画面　screen; painted area
U5-IR
かれる　枯れる　to wither　U5-IR
～かん　～観　view; outlook on ~　U1-IR
がん　cancer　U7-IR
かんがえなおす　考え直す
to reconsider　U3-SR1
かんご　漢語　Chinese words;
Chinese expressions　U6-IR
かんこう　観光　tourism; to sightsee
U4-L
かんこうきゃく　観光客　tourist　U1-IR
かんさ　監査　audit　U4-SR1
かんさつ　観察　observation; to observe
U3-IR
かんし　監視　surveillance; to surveil;
to watch closely　U3-IR
かんしゃ　感謝　thanks; to thank
U1-SR2
かんせい　完成
completion; to complete　U5-IR
かんぜい　関税　tariffs　U2-SR2
かんせん　感染　infection; to be infected
U7-L
かんてん　観点　point of view　U7-IR
かんれん　関連　relation; to relate to
U1-IR

き

きがえる　着替える
to change one's clothes　U3-SR1

きき　危機　crisis　U1-IR

きげん　期限　time limit　U1-IR

きじ　生地　cloth　U2-IR

きじ　記事　article　U3-SR2

きじゅん　基準　standard; criteria
　U1-IR　U3-IR

ぎじんか　擬人化　anthropomorphization;
　to anthromorphize　U5-SR2

きそ　基礎　basis; basic　U2-IR

きたい　期待　expectation; to expect
　U2-IR

きちょう（な）　貴重（な）　valuable　U4-L

きちんと　properly　U3-SR2

きつい　be hard on someone　U1-L

きっかけ　impetus　U4-IR

キッチンカウンター　kitchen counter
　U7-SR1

きてい　規定
provision; to stipulate　U3-SR2

きのみ　木の実　fruit; nut　U8-SR1

きふ　寄付　donation; to donate　U8-L

きぼう　希望　wish; to wish　U4-L

きまつ　期末　end of term;
end of semester　U1-L

ぎむ　義務　obligation
　U2-SR2　U3-SR2

キャッチフレーズ　catchphrase　U5-L

キャラクター　character　U5-SR2　U6-L

きゅうそく（な）　急速（な）
quick: speedy　U2-IR

きゅうとうき　給湯器　water heater
　U7-SR1

きゅうりょう　給料　salary　U4-SR2

きょうか　強化　strengthening;
fortification; to strengthen　U8-SR1

ぎょうかい　業界　industry　U2-IR

きょうきゅう　供給
supply; to supply　U2-SR2

ぎょうせき　業績
business performance　U8-IR

きょうぞん　共存
coexistence; to coexist with　U4-IR

きょうちょう　強調
emphasis; to emphasize　U5-IR

きょうつう　共通　commonality;
to be common to　U1-IR　U4-IR

きょうてん　経典　scripture; writing
　U5-SR1

きょうどう　共同　joint;
to do something together　U4-IR

ぎょうむ　業務　work; task　U6-IR

きょうゆう　共有　sharing; to share
　U8-IR

きり　霧　fog　U5-IR

きりすときょう　キリスト教
Christianity　U6-SR2

きりひらく　切り拓く　to clear the way;
to carve out (a path, etc.)　U1-IR

きろく　記録　record; to record
　U1-SR2　U4-SR1

ぎろん　議論　discussion; to discuss
　U3-L

きん　菌　bacteria　U7-IR

きんがく　金額　monetary figure　U2-IR

きんきゅう　緊急　urgent　U1-IR

きんだい　近代　modern times　U2-IR

きんねん　近年　recent years　U2-SR1

きんゆうふぁんど　金融ファンド
financial fund　U8-SR2

く

くじょう　苦情　complaint　U3-SR2

くずれる　崩れる　to collapse　U7-IR

ぐたいてき（な）　具体的（な）　concrete
　U1-IR

くだけた　casual　U6-SR1

くべつ　区別　distinction; to distinguish
　U6-L

くみあわせる　組み合わせる　to combine
　U6-SR2

くみこむ　組み込む　to incorporate into
　U1-IR

グラフ　graph　U2-SR1

グレー（な）　gray (area)　U4-SR1

グローバル　global　U2-L　U6-IR

くわえて　加えて　in addition　U3-IR

くわえる　加える　to add　U2-IR

くわしい　詳しい　detailed;
be knowledgeable about　U2-L　U3-L

け

けいえいこんさるたんと　経営コンサルタ
ント　business consultant　U1-IR

けいかくだおれ　計画倒れ
disintegration of plan　U1-L

けいき　景気　the economy　U8-L

けいさん　計算　calculation; to calculate
　U4-SR1

けいぞく　継続
continuation; to continue　U1-IR

けいたい（でんわ）　携帯（電話）
mobile phone　U3-L

けつえき　血液　blood　U7-SR2

けってい　決定　decision; to decide
　U1-IR

～けん　～件　~ cases *Counter word
（"number + 件"）　U3-SR2

げんえき　現役　currently working;
in active service　U4-L

げんか　原価　cost　U8-SR2

げんご　言語　language　U6-SR1

けんこうてき（な）　健康的（な）　healthy
　U1-IR

けんさく　検索　search; to look up
　U4-SR1

げんしょう　減少　decrease; to decrease
　U2-SR2　U8-SR2

げんじょう　現状　current situation;
current status　U2-L

げんしりょく　原子力　nuclear power
　U2-SR1

げんせん　源泉　source　U8-IR

げんだい　現代　modern times　U3-SR1

げんち　現地　at that place; locally　U2-L

けんとう　検討　review; to consider
　U2-IR

げんゆ　原油　crude oil　U2-SR1

げんりょう　原料　raw ingredient
　U8-SR1

こ

こい　濃い　thick; dense　U5-IR

こう～　高～　high ~　U8-IR

ごうい　合意　agreement; to agree
　U2-SR2

こうかい　公開　disclosure;
to make public　U3-SR2　U8-IR

こうがい　公害　pollution　U8-IR

こうかかく　高価格　high price　U2-IR

こうきょう　公共　public　U3-SR2

こうけい　光景　scene; sight　U3-IR

こうけん　貢献　contribution;
to contribute　U5-SR1　U8-IR

こうご　交互　alternate　U5-SR2

こうしゃ　後者　the latter　U3-IR

こうしょう　交渉
negotiation; to negotiate　U2-SR2

こうじょう　向上
enhancement; to enhance　U8-IR

こうず　構図　composition; structure
　U4-IR

こうたい　抗体　antibody　U7-SR2

こうど（な）　高度（な）
advanced; at a high level　U4-SR1

ごうとう　強盗　robber; robbery　U3-IR

こうどけいざいせいちょうき　高度経済
　成長期　period of rapid economic
　growth　U2-IR
こうにんかいけいし　公認会計士
　certified public accountant　U4-SR1
こうはん　後半　late (50s, etc.);
　latter half　U4-L　U5-SR1　U8-IR
こうようぶん　公用文　official document
　U6-IR
こうりつ　効率　efficiency　U8-IR
こうれいか　高齢化　aging population;
　to age as a population　U8-SR2
こーひーまめ　コーヒー豆　coffee beans
　U8-IR
ごかい　誤解　misunderstanding;
　to misunderstand　U6-SR2
こきゃく　顧客　customer
　U4-SR2　U8-IR
こくほう　国宝　national treasure
　U5-IR
こくもつ　穀物　grain; cereal　U2-SR2
こころがける　心がける　to keep in
　mind; to take care to　U7-IR
こころみ　試み　test; try　U8-SR1
こころみる　試みる　to try; to attempt
　U1-SR1
こじいん　孤児院　orphanage　U8-IR
コスト　cost　U8-SR2
コスプレ　cosplay　U6-L
こする　to rub　U7-SR1
こたえる　応える　to respond; to address
　U4-SR2　U8-IR
こっきょう　国境　border　U7-SR2
〜ごと　every 〜　U1-SR2
このむ　好む　to favor; to prefer　U2-IR
こめる　込める
　to incorporate; to include　U5-SR2
こよう　雇用　employment; to employ
　U8-SR2
ころぶ　転ぶ　to fall down; to tumble
　U5-SR2
こんかい　今回　this time　U1-L
こんご　今後　from now on;
　in the future　U2-L　U4-IR
コンテンツ　content　U6-SR1
こんなん（な）　困難（な）　difficult
　U1-SR1
こんらん　混乱　confusion;
　to be confused　U6-IR

さ

さい〜　最〜　the most 〜　U1-IR
さいきん　細菌　microbe; bacteria
　U7-IR

ざいこ　在庫　stock; stockpile　U2-SR2
さいしゅうてき（な）　最終的（な）　final
　U4-SR1
さいせいかのうえねるぎー　再生可能エネ
　ルギー　renewable energy　U2-SR1
さいだい　最大　the largest; the biggest
　U2-IR
さいていげん　最低限　minimum
　U2-SR2
さいばい　栽培　cultivation; to farm;
　to cultivate　U8-IR
さいぼう　細胞　cell　U7-IR
さいわい　幸い　fortunately　U7-IR
さきのばし　先延ばし
　postponing; putting off　U1-SR1
さぎょう　作業　task; to work on　U4-IR
さくせい　作成　creation; to create;
　to write　U1-IR
さす　to point to　U5-SR1
ざせつ　挫折　setback;
　to be discouraged　U1-SR1
さだめる　定める　to set　U1-SR2
さつえい　撮影　shooting (on film, etc.);
　to photograph; to shoot　U3-IR
さて　now; well　U1-IR　U3-IR
さばく　砂漠　desert　U8-L
さんせい　賛成
　agreement; be in favor of　U3-SR2
サンプル　sample　U7-SR1
さんまん（な）　散漫（な）
　unfocused; scatterbrained　U1-SR2

し

GHQ　General Headquarters　U2-IR
しかく　資格　qualification　U4-SR1
しかたない　仕方ない
　can't help but do something; have no
　choice but to do something　U4-IR
じかようしゃ　自家用車　one's own car
　U2-L
しきさい　色彩　color　U5-IR
しきべつ　識別　identification;
　to identify　U3-L
じきゅう　自給　self-sufficiency;
　to be self-sufficient　U2-SR2
しきん　資金　funds　U8-IR
ジグザグ（な）　zigzag　U5-L
しげる　茂る　to grow thickly;
　to proliferate　U5-IR
しこう　思考　thought; thinking　U1-SR2
しこうさくご　試行錯誤　trial and error
　U6-SR2
じごく　地獄　hell　U6-SR2
じしゃ　自社　the company itself　U8-L

しじょう　市場　market　U2-IR
しせつ　施設　facility　U3-SR2
じぜん　事前　in advance　U3-IR
じぜんてき（な）　慈善的（な）
　philanthropic　U8-IR
しだいに　次第に　gradually　U4-IR
じちかい　自治会
　neighborhood council　U3-SR2
じちたい　自治体　local government
　U3-SR2
しちふくじん　七福神
　Seven Lucky Gods　U5-SR1
じっけん　実験
　experiment; to experiment　U7-L
じつげん　実現　realization;
　to turn into reality　U1-IR
じっこう　実行　implementation;
　to implement　U1-IR
しっしん　湿疹　eczema; rash　U7-SR2
してん　視点　point of view
　U3-IR　U5-IR　U8-IR
じどう　自動　automatic　U4-SR2
じどうしゃ　自動車　automobile
　U2-L　U4-IR
しばいぬ　柴犬　Shiba Inu　U6-L
じぶつ　事物　thing　U6-SR2
じむ　事務　office work　U4-IR
しめきり　締め切り　deadline　U1-IR
しめる　占める　to occupy; to take up
　U2-IR
じめん　地面　ground　U5-IR
じもと　地元　local　U8-SR1
しゃいん　社員　employee　U8-IR
〜じゅう　〜中　all over 〜　U3-IR
じゅうあつ　重圧　(heavy) pressure
　U5-L
じゅうぎょういん　従業員
　employee; worker　U8-IR
じゅうし　重視　importance; focus;
　to place importance on　U8-IR
しゅうせん　終戦　end of war　U2-IR
しゅうちゅう　集中　concentration;
　to concentrate　U1-SR1
しゅうとく　修得
　acquisition (of knowledge, skill, etc.);
　to acquire　U1-IR
しゅうにゅう　収入　income　U8-IR
しゅうへん　周辺　vicinity　U5-IR
しゅぎょう　修行　training; to train
　U5-SR1
じゅく　塾　cram school　U4-L
しゅくしょう　縮小　reduction;
　shrinkage; to reduce; to shrink　U2-IR
しゅじゅつ　手術
　surgery; to operate on　U7-L

しゅしょく　主食　staple food　U2-SR2
しゅだい　主題　main theme　U5-IR
しゅちょう　主張　claim; to claim　U3-IR
〜じゅつ　〜術
　technique of ~; ~ skills　U1-SR2
しゅっぱん　出版
　publication; to publish　U1-SR2
しゅと　首都　capital city　U8-SR1
じゅよう　需要　demand　U2-SR1
じゅよう　受容　acceptance; to accept
　　　　　　　　　　　　　　　　U6-IR
しゅりゅう　主流　mainstream　U5-IR
しゅりょく　主力　main　U8-SR2
じゅんい　順位　order　U1-IR
じゅんきょうじゅ　准教授
　associate professor　U4-IR
じゅんしん（な）　純真（な）
　naive; innocent　U6-SR1
じゅんすい（な）　純粋（な）
　innocent; pure　U6-SR1
じゅんちょう（な）　順調（な）
　smooth; without any hitches　U1-SR2
じゅんばん　順番　order　U8-L
じょうざいきん　常在菌
　resident bacteria　U7-L
しょうしこうれいか　少子高齢化
　declining birthrate and an aging
　population　U2-L
じょうしょう　上昇　rise; to rise　U2-SR1
じょうせい　情勢
　situation; circumstances　U2-SR1
しょうてんがい　商店街　shopping area;
　shopping street　U3-SR2
しょうひ　消費　consumption;
　to consume; to spend　U2-SR2
じょうぶ　上部　upper part　U5-IR
しょうりんずびょうぶ　松林図屏風
　Pine Forest folding screen　U5-IR
じょうれい　条例　ordinance　U3-SR2
しょき　初期　initial/early stage　U8-IR
しょくいん　職員　employee; worker
　　　　　　　　　　　　　　　　U4-IR
しょくぎょう　職業　job; occupation
　　　　　　　　　　　　　　U1-SR1　U4-IR
しょくちゅうどく　食中毒
　food poisoning　U7-L
しょくひん　食品　food product
　　　　　　　　　　　　　　U7-IR　U8-SR1
しょくりょうじきゅうりつ　食料自給率
　food self-sufficiency rate　U2-SR2
しょくりょうひん　食料品
　food; food products　U2-SR2
しょゆう　所有　possession; to own
　　　　　　　　　　　　　　　　U2-L

じりき　自力　on one's own　U4-L
じれい　事例　case; example
　　　　　　　　　　　　U6-IR　U8-SR1
しんがい　侵害　intrusion; violation;
　to violate　U3-IR
じんけん　人権　human rights　U8-IR
じんけんひ　人件費　labor costs　U2-IR
じんこうちのう　人工知能
　artificial intelligence　U4-IR
じんざい　人材　human resources;
　talented people　U6-IR
しんしゅつ　進出　advance;
　to enter (market, etc.)　U8-SR2
じんせい　人生　life　U1-IR
しんぞうびょう　心臓病　heart disease
　　　　　　　　　　　　　　　　U7-IR
じんてきしげん　人的資源
　human resources　U6-IR
しんぽ　進歩
　progress; to make progress　U4-IR
シンボル　symbol　U5-IR
しんりてき（な）　心理的（な）
　psychological　U1-SR2

す

すいしょう　推奨　recommendation;
　to recommend　U6-IR
すいそく　推測　guess; to guess　U6-IR
すいぼくが　水墨画　ink painting　U5-IR
すいりょく　水力　hydropower　U2-SR1
すうじ　数字　number; figure　U4-SR1
すうち　数値　number; figure　U1-IR
すうりょう　数量　quantity; volume
　　　　　　　　　　　　　　　　U2-IR
すすめる　進める　to proceed with;
　to carry out　U2-SR1　U4-SR1
ステークホルダー　stakeholder　U8-SR1
ステッカー　sticker　U3-SR2
すなはま　砂浜　sandy beach; shore
　　　　　　　　　　　　　　　　U5-IR
スマートフォン　smartphone　U6-IR
すみ　墨　Chinese ink　U5-IR
すみつく　住み着く　to settle down　U7-L
すもう　相撲　sumo wrestling　U5-SR2
スラスラと　fluently; easily　U1-SR1

せ

せいかく（な）　正確（な）　accurate
　　　　　　　　　　　　　　　　U4-SR1
せいげん　制限　limit; restriction;
　to limit; to restrict　U2-SR2
せいしょ　聖書　Bible　U6-SR2

せいせき　成績
　grades; academic record　U1-IR
せいぞう　製造　production; to produce
　　　　　　　　　　　　　　　　U8-SR1
せいたいがく　生態学　ecology　U7-SR2
せいてきしょうすうしゃ　性的少数者
　sexual minorities　U6-IR
せいとうせい　正当性　legitimacy　U3-IR
せいのう　性能　performance;
　capability (of device, etc.)　U3-L
せいひん　製品　product　U2-IR　U8-SR1
せいぶつ　生物　living creature　U4-IR
せいべつ　性別　gender　U3-SR1　U7-IR
せいり　整理　organization;
　to put things in order; to arrange
　　　　　　　　　　　　　U1-SR2　U8-IR
せきたん　石炭　coal　U2-SR1
せきゆ　石油　oil; petroleum　U8-IR
せだい　世代　generation　U6-IR
せっきょくてき（な）　積極的（な）
　active; aggressive　U1-IR　U3-SR2
せっけい　設計　design; to plan　U1-SR2
せっち　設置　installation; to install
　　　　　　　　　　　　　　　　U3-IR
せってい　設定　setting; to set　U1-IR
せつりつ　設立
　establishment; to establish　U8-SR2
せんい　繊維　textile; fiber　U2-IR
せんご　戦後　postwar　U2-IR
ぜんこく　全国　across the country
　　　　　　　　　　　　　　　　U4-IR
ぜんこくはいやー・たくしーれんごうかい
　全国ハイヤー・タクシー連合会
　Japan Federation of Hire-Taxi
　Associations　U4-L
せんさい（な）　繊細（な）
　sensitive; fine-tuned　U6-SR1
ぜんじつ　前日　the day before　U1-L
ぜんしゃ　前者　the former　U3-IR
ぜんしゅう　禅宗　Zen Buddhism
　　　　　　　　　　　　　　　　U5-SR1
せんぜん　戦前　prewar　U6-IR
ぜんそく　asthma　U7-SR2
せんとう　銭湯　public bathhouse
　　　　　　　　　　　　　　　　U3-SR1

そ

そう　層　layer　U7-L
ぞうか　増加　increase; to increase
　　　　　　　　　　　　　　　　U2-SR1
そうがく　総額　total amount　U2-IR
そうげい　送迎　pick-up and drop-off;
　to pick up and drop off　U4-L

そうごうてき（な） 総合的（な）
comprehensive U8-IR
そうさ 捜査
investigation; to investigate U3-IR
そうぞう 創造 creation; to create
U8-IR
ぞうだい 増大 increase; to increase
U8-IR
そうち 装置 device U3-IR
そえる 添える to add; to append
U6-IR
そくしん 促進 promotion;
encouragement; to promote;
to push forward with U8-IR
そくてい 測定 measurement;
to measure U1-IR U7-SR2
そくど 速度 speed U1-SR1
そくめん 側面 aspect U8-IR
そだつ 育つ to be raised; to grow up
U7-SR2
～そつ ～卒 graduated from ～ U6-SR1
そなえる 備える
to keep something ready; to equip
U6-SR2
そぼく（な） 素朴（な）
simple; unsophisticated U6-SR1
そんちょう 尊重 respect; to respect
U8-IR

た

たいさく 対策 countermeasure;
to take measures U2-SR1
たいしょうじだい 大正時代
the Taisho era U2-IR
だいすう 台数 number of units U2-L
たいちょう 体調 physical condition
U4-L
だいちょうきん 大腸菌
E. coli (intestinal bacteria) U7-IR
だいとうりょう 大統領 president U1-IR
たいない 体内 inside the body U7-IR
だいにじせかいたいせん 第二次世界大戦
World War II U7-IR
ダイバーシティ diversity U6-IR
たいよう 太陽 sun; solar U2-SR1
だいよう 代用 substitute; to substitute
U6-SR2
たいりょう 大量 mass; large volumes
U2-IR
たかまる 高まる to rise U2-SR1
たしゅたよう（な） 多種多様（な）
diverse U7-SR1
ただ as it is U1-L
たちば 立場 position U4-L

だついじょ 脱衣所 changing room
U3-SR1
たっせい 達成
achievement; to achieve U1-IR
たにん 他人 other people U1-IR
たまる to accumulate; to puddle U5-L
ためす 試す to try; to try out U1-SR1
たもつ 保つ
to keep; to maintain U2-SR1 U7-IR
たよう 多用 heavy use; to be used
frequently U6-IR
たようせい 多様性 diversity U7-SR2
たよる 頼る to rely on U2-SR1
たんご 単語 word; vocabulary
U1-SR1 U6-SR2
たんじかん 短時間 short time U7-IR
たんじゅん（な） 単純（な） simple
U4-IR
たんじょうび 誕生日 birthday U1-SR2
たんそせんい 炭素繊維 carbon fiber
U2-IR
たんに 単に simply U4-SR2 U8-SR1

ち

ち 知 knowledge U6-IR
ちしき 知識 knowledge U4-SR1
ちじん 知人 acquaintance U6-SR1
ちねつ 地熱 terrestrial heat U2-SR1
ちば 千葉 Chiba *Name of a
prefecture U3-SR2
ちゃくりく 着陸 landing; to land
U2-IR
チャットボット chatbot U4-SR2
ちゃば 茶葉 tea leaves U8-SR2
ちゅういけっかんしょうがい 注意欠陥障
害 attention deficit disorder U1-SR2
ちゅうき 中期 medium-term U1-SR2
ちゅうしょく 昼食 lunch U6-SR1
ちゅうもん 注文 order; to order U2-L
～ちょう ～兆 ～ trillion U7-IR
ちょう 兆 trillion U2-IR
ちょう 腸 intestines U7-IR
ちょうき 長期 long-term U1-SR2
ちょうきてき（な） 長期的（な）
long-term U1-IR
ちょうせん 挑戦 challenge; to take on
a challenge U1-IR
ちょうない 腸内 inside the intestines
U7-IR
ちょうないふろーら 腸内フローラ
intestinal flora; gut microbiome
U7-IR
ちょくぜん 直前 just before U1-L
ちょしゃ 著者 author U1-SR1

つ

ついせき 追跡 tracking; to trace U3-L
ついつい unintentionally U1-IR
ツール tool U8-IR
つきあう 付き合う to associate with;
to go out with U4-IR
つくりあげる 創り上げる to create
U8-IR
つたわる 伝わる to come from;
to be introduced from; to convey;
to communicate U5-IR U6-SR2
つとめる 努める to try hard; to strive
U2-SR1
つながる to connect U1-L U4-SR2
つなげる to link to U8-IR
つなみ 津波 tsunami U6-L
てい～ 低～ low ～ U8-SR2

て

ていあん 提案 proposal; to propose
U1-IR U2-IR U4-L U6-IR U8-IR
ていきてき（な） 定期的（な） regular
U7-IR
ていしょう 提唱 advocacy; to advocate
U1-IR U8-SR2
ていちゃく 定着 establishment;
to take root; to be established U6-IR
デウス Deus U6-SR2
できあがる to be formed U7-IR
てきかく（な） 的確（な） accurate U1-IR
できごと 出来事 events; things that
have occurred U1-SR2
てきせつ（な） 適切（な） appropriate
U3-IR U6-IR U7-L U8-IR
でじたるてちょう デジタル手帳 digital
planner; digital scheduler U1-SR2
てだすけ 手助け
help; to lend a hand U4-L
てつどう 鉄道 railroad U6-SR2
てほん 手本 example; model U5-SR1
てん 天 sky U5-SR1
てんかん 転換 conversion; to convert
U2-SR1
てんけいてき（な） 典型的（な）
stereotypical U5-IR
てんちょう 店長 store manager U3-IR

と

ドアノブ doorknob U7-SR1
とい 問い question U4-IR
といあわせ 問い合わせ inquiry
U4-SR2

どういつ　同一　the same　　U3-IR
とうきょうこくりつはくぶつかん　東京国立博物館　Tokyo National Museum　　U5-IR
とうこう　投稿
　　submission; posting; to post　U3-SR2
とうし　投資　investment; to invest
　　　　　　　　　　　　　　U8-IR
とうじつ　当日　that very day　U1-L
どうしゃ　同社　the company in
　　question; said company　U8-SR1
とうしょ　当初　at first　U8-SR1
とうにょうびょう　糖尿病　diabetes
　　　　　　　　　　　　　　U7-IR
とうぶん　糖分　sugar content　U8-SR1
どうりょう　同僚　colleague　U3-SR1
どうろ　道路　road　U3-SR1
とくい（な）　得意（な）　be good at
　　　　　　　　　　　　　　U4-SR1
とくてい　特定　specific; particular　U3-L
とくにんきょうじゅ　特任教授
　　specially appointed professor　U4-IR
とじょうこく　途上国
　　developing country　U8-IR
としより　年寄り　the elderly　U4-L
とどけでる　届け出る
　　to notify; to report　U3-SR2
ととのえる　整える
　　to arrange; to put in order　U7-IR
となりあう　隣り合う
　　to adjoin; to be side by side　U7-SR2
とびはねる　跳びはねる
　　to jump up and down　U5-SR1
ともなう　伴う　to accompany;
　　to involve　　U1-SR1　U2-L
とらえる　捉える　to grasp;
　　to understand; to see　U3-IR　U8-IR
とりあつかい　取り扱い　handling
　　　　　　　　　　　　　　U6-IR
とりくみ　取り組み　effort; initiative
　　　　　　　　　　　　　　U8-SR1
とりくむ　取り組む　to deal with;
　　to make an effort　U1-IR　U8-IR
とりのぞく　取り除く　to remove
　　　　　　　　　　　　　　U7-SR1

な

ながいき　長生き　longevity; long life;
　　to live long　　U5-IR
なかば　半ば　middle of; mid-
　　　　　　　　U2-IR　U8-IR
ながれ　流れ　flow　U4-SR1
なくす　亡くす　to lose (to death, etc.)
　　　　　　　　　　　　　　U5-L

NASA　National Aeronautics and
　　Space Administration　U2-IR
なじみ　familiarity　U6-IR
なづける　名付ける　to name　U8-IR
ななめ　斜め　tilted; diagonal　U5-L
なみ　波　wave　U6-L
なやみ　悩み　concern; worry　U6-SR2
〜なんか　as for 〜　U1-L
なんぜんも　何千も　thousands of
　　　　　　　　　　　　　　U7-SR1

に

〜にかわって　〜に代わって
　　in place of 〜　U4-IR
にぎる　握る　to grip　U1-IR
にくがん　肉眼　naked eye　U7-SR1
にさんかたんそ　二酸化炭素
　　carbon dioxide　U8-L
にじげん　二次元　two-dimensional
　　　　　　　　　　　　　　U6-L
にちじょう　日常　everyday　U3-IR
にほんが　日本画　Japanese painting
　　　　　　　　　　　　　　U5-IR
にほんけいざいだんたいれんごうかい
　　日本経済団体連合会　Keidanren
　　(Japan Business Federation)　U8-IR
にほんこうにんかいけいしきょうかい
　　日本公認会計士協会
　　Japanese Institute of Certified Public
　　Accountants　U4-SR1
〜にもとづいて　〜に基づいて
　　based on 〜　U1-IR
ニュアンス　connotation; nuance　U3-IR
にゅうぎゅう　乳牛　milk cow　U8-SR1
にんしょう　認証
　　authentication; to authenticate　U3-L

ね

ねあがり　値上がり　price increase;
　　to increase in price　U8-SR1
ねあげ　値上げ
　　price increase; to raise prices　U8-SR1
ねもと　根元　base　U5-L
ねんねん　年々
　　every year; with each year　U2-IR
ねんぱい　年配　elderly　U6-IR
ねんれい　年齢　age　U4-L

の

のう　脳　brain　U7-IR
のうか　農家
　　farmer; farming household　U8-IR

のうぎょう　農業　agriculture　U2-SR2
のうさんぶつ　農産物
　　agricultural product　U2-SR2　U8-IR
ノウハウ　know-how　U8-SR2
のこり　残り　the rest; leftover　U1-SR2
のぞむ　望む　to hope for; to desire
　　　　　　　　　　　　　　U1-IR
のばす　伸ばす　to stretch; to improve
　　　　　　　　　　　　　　U8-SR2
のはら　野原　field　U7-SR1
のびる　伸びる　to grow; to increase;
　　to improve　U2-L　U8-IR
のぼる　上る　to reach up to; to climb
　　　　　　　　　　　　　　U2-IR
のむらそうごうけんきゅうじょ
　　野村総合研究所
　　Nomura Research Institute　U4-IR
のりおり　乗り降り　getting on and off;
　　get on and off　U4-L
のる　載る　to list; to enter　U6-L
ノロウイルス　norovirus　U7-L

は

はいしゅつ　排出　emission; to emit
　　　　　　　　　　　　　　U8-L
はいすいかん　排水管　drainpipe　U7-SR1
はいりこむ　入り込む　to penetrate
　　　　　　　　　　　　　　U3-SR1
はいりょ　配慮　consideration;
　　to consider　U3-SR2　U8-IR
はうつーぼん　ハウツー本
　　how-to book　U1-IR
はかせ　博士　Ph.D.　U4-IR
はかる　図る　to attempt　U2-SR1
はがれる　to peel off　U7-SR1
はく　吐く　to emit　U5-SR2
ばしゃ　馬車
　　horse-drawn carriage　U4-IR
はだか　裸　naked　U3-SR1
はたけ　畑　field (for growing
　　vegetables, etc.)　U8-SR2
はったつ　発達
　　development; to develop　U7-IR
はってん　発展　development; progress;
　　to develop; to make progress
　　　　　　　　U2-IR　U4-L
はなしあう　話し合う　to discuss;
　　to talk among one another　U3-L
はなしことば　話しことば
　　colloquial expression　U6-SR1
〜ばなれ　〜離れ　separate from 〜
　　　　　　　　　　　　　　U2-L
ばぶるけいざい　バブル経済
　　bubble economy　U8-L

はま 浜 beach; shore U5-IR
はまべ 浜辺 seashore U5-IR
ばめん 場面 scene U5-SR2 U6-SR1
はやめ 早め early on U1-L
はんい 範囲 scope; range U3-IR
はんざい 犯罪 crime U3-IR
はんしんはんぎ 半信半疑 half in doubt;
　not quite believe U1-SR1
はんすう 半数 half U4-IR
はんにん 犯人 perpetrator; criminal
　U3-IR
はんばい 販売 sales; to sell U2-IR

ひ

～ひ ～費 cost of ～ U2-L
び 美 beauty U5-IR
ピーク peak U2-L
びえん 鼻炎 rhinitis U7-SR2
ひこうき 飛行機 airplane U2-IR
びじゅつかん 美術館 art museum
　U5-L
ひづけ 日付 date U1-SR2
ひととおり 一通り overall U1-L
ひび 日々 day-to-day U1-IR
ひふ 皮膚 skin U7-SR1
びふぃずすきん ビフィズス菌
　Bifidobacterium U7-IR
ひまつぶし 暇つぶし killing time
　U1-IR
ひまん 肥満 obesity U7-IR U8-SR2
～びょう ～秒 ～ seconds U7-L
ひょうき 表記
　writing; to write; to transcribe U6-IR
ひょうじ 表示
　indication; display; to indicate U3-IR
びょうぶ 屏風 folding screen U5-IR
ひょうめん 表面 surface U7-L
ひよりみきん 日和見菌
　opportunistic bacteria U7-IR
ひりつ 比率 ratio; proportion U2-L
ひろげる 広げる to open wide U5-SR1
ひんこん 貧困 poverty U8-IR
ひんしつ 品質 quality U8-IR
ひんもく 品目 item U2-SR2

ふ

ふあん（な） 不安（な）
　concerned; anxious U4-SR2
ふうけい 風景 scenery U5-L
ふうりょく 風力 wind power U2-SR1
フェア・トレード fair trade U8-IR
ふきゅう 普及 popularization;
　to spread widely U4-IR U6-IR

ふくし 福祉 welfare U8-IR
ふせん 付箋 sticky note U1-SR2
～ぶそく ～不足 shortage of ～ U2-SR2
ふたたび 再び once again U4-IR
ふたん 負担 burden;
　to bear the burden of U1-SR2
ふだん 普段 normally U7-IR
ふちゃく 付着
　attachment; to stick; to attach U7-L
ぶっきょう 仏教 Buddhism
　U5-SR1 U6-SR2
ふっこう 復興 revival; reconstruction;
　to revive U2-IR
ふまん 不満 dissatisfaction U4-SR2
ふやす 増やす to augment; to
　multiply; to increase U2-SR1 U7-IR
プライバシー privacy U3-IR
ぷらざごうい プラザ合意
　Plaza Accord U2-IR
ふりかえる 振り返る to look back on
　U1-SR2
ふりがな furigana (indicating
　pronunciation) U6-SR2
ふる 振る to assign (a number, etc.)
　U1-SR2
ぶんかちょう 文化庁
　Agency for Cultural Affairs U6-IR
ぶんみゃく 文脈 context U6-IR
ぶんるい 分類
　classification; to classify U1-IR

へ

へいき（な） 平気（な） be fine with;
　be undisturbed by U3-L
へいきん 平均 average; to average
　U4-L
ベース base U2-IR
ペットボトル
　PET bottle; plastic bottle U8-SR2
へらす 減らす to reduce U7-IR
へる 減る to decrease; to diminish;
　to reduce U1-SR1 U2-IR U3-SR1
　U4-SR2 U7-IR U8-SR2
べんざ 便座 toilet seat U7-SR1

ほ

ほうこく 報告 report; to report
　U4-SR1
ぼうし 防止 prevention; to prevent
　U3-IR
ほうっておく 放っておく to neglect
　U8-SR2
ぼうとう 冒頭 beginning U6-IR

ぼうはん 防犯
　crime prevention; security U3-IR
ホール hall U8-L
ほこり dust U7-SR1
ポスター poster U3-IR
ほぞん 保存
　preservation; to save; to keep U3-L
ほっとする to feel at ease U5-SR1
ほてい 布袋 Hotei *Name of god
　U5-SR1
ほとけ 仏 Buddha U5-SR1
ほぼ almost U2-IR
ほほえむ ほほ笑む to smile U5-SR1
ぽりありれーとせんい ポリアリレート
　繊維 polyarylate fiber U2-IR
ほんかくてき（な） 本格的（な）
　in earnest; serious U5-SR1
ほんぎょう 本業 core business U8-IR
ほんじつ 本日 today U3-L

ま

まかせる 任せる to leave up to
　(someone); to entrust U1-IR U4-IR
まぎわ 間際 just before U1-SR1
まくら 枕 pillow U7-SR1
まざる 混ざる to mix U7-SR1
まずしい 貧しい poor U8-SR1
またぐ to stretch over U1-SR2
まちがう 間違う to be mistaken
　U3-SR1
まつ 松 pine U5-IR
まとめ summary U1-L
まとめる to summarize; to gather all
　together U1-IR U2-IR
マトリックス matrix U1-IR
まね 真似 imitation; to imitate
　U5-SR1
まねく 招く to invite; to cause U6-IR
まねる 真似る to imitate U1-L
まめ 豆 bean U8-IR
まんいち 万一 however unlikely;
　in the worst case U2-SR1
まんげつ 満月 full moon U5-SR1
マンパワー manpower U6-IR
まんびき 万引き pickpocket;
　to pickpocket U3-L

み

みあう 見合う
　to correspond to; to match U2-SR2
みかける 見かける to see U6-L
みぎはし 右端 right end; far right
　U5-L

みきわめる　見極める　to ascertain
　　　　　　　　　　　　　　　　U6-IR
みこむ　見込む　to anticipate　U2-L
みせる　魅せる　to enchant　U5-SR1
みぢか（な）　身近（な）　familiar
　　　　　　　　　　　　　　　　U6-SR2
みつもる　見積もる　to estimate　U1-L
みなす　見なす　to deem; to consider
　　　　　　　　　　　　U3-IR　U8-IR
みならう　見習う　to emulate　U1-L
みのまわり　身の回り
　　one's surroundings　U7-SR2
みひらき　見開き　two-page spread
　　　　　　　　　　　　　　　　U1-SR2
みらい　未来　the future　U1-SR2
みりょく　魅力　appeal; attraction
　　　　　　　　　　　　　　　　U5-L
みりょくてき（な）　魅力的（な）
　　attractive　　　　　　　U5-L
みわたす　見渡す　to look out over
　　　　　　　　　　　　　　　　U5-IR
みんぞくいしょう　民族衣装
　　folk costume　　　　　　U2-IR

む

むがい（な）　無害（な）　harmless
　　　　　　　　　　　　　　　　U7-SR1
～むけ　～向け　aimed at ～　U8-SR1
むじゃき（な）　無邪気（な）
　　naive; guileless　　　　U6-SR1
むすびつく　結び付く
　　to link to; to lead to　　U8-L
むすびつける　結び付ける　to link to
　　　　　　　　　　　　　　　　U3-L
むとう　無糖　sugar-free　U8-SR2
むろまちじだい　室町時代
　　Muromachi period　　　U5-IR

め

めいかく（な）　明確（な）　clear
　　　　　　　　　　　　U1-IR　U3-L
メーカー　manufacturer　U2-L
めざす　目指す　to aim for　U3-L
めだつ　目立つ　to stand out;
　　to be conspicuous　　U3-SR2
メリット　advantage　　U4-SR2
めんえき　免疫　immunity　U7-SR2
めんぼう　綿棒　cotton swab　U7-SR1

も

もくじ　目次　table of contents　U1-SR2
もくひょう　目標　goal　　U1-IR

もしくは　or　　　　　　　　U3-IR
もたらす　to bring　　　　　U3-IR
もち　餅　rice cake　　　U6-SR2
モチーフ　motif　　　　　　U5-L
モニター　monitor　　　　U3-IR

や

やくご　訳語　translation　U6-SR2
やくす　訳す　to translate　U6-IR
やくわり　役割　role　　　U4-SR1
やし　椰子　palm tree　U8-SR1
やど　宿　inn　　　　　　U6-SR2
やばい　that's awful; gosh (when faced
　　with impending disaster, etc.)　U1-L
やや　slightly　　　　　　U2-SR2
やるき　やる気　motivation　U1-L

ゆ

ゆいいつ　唯一　sole; only　U2-SR2
ゆうがい（な）　有害（な）　harmful
　　　　　　　　　　　　　　　　U7-SR1
ゆうせん　優先　priority; to prioritize
　　　　　　　　　　　　　　　　U1-IR
ユーモア　humor; wit　　U5-SR1
ゆうり（な）　有利（な）　advantageous
　　　　　　　　　　　　　　　　U2-L
ゆきやま　雪山　snowy mountain　U5-IR
ゆくえふめい　行方不明
　　missing (persons, etc.)　U3-IR
ゆそう　輸送　transportation;
　　to transport; to ship　　U2-L
ゆびさす　指さす　to point to　U5-SR1
ゆらい　由来　origin; originate　U7-SR2
ゆれ　variation; fluctuation　U6-SR1

よ

ようい（な）　容易（な）　easy
　　　　　　　　　　U1-SR2　U3-L
ようご　用語　terms; jargon　U6-SR2
ようす　様子　manner; state　U4-SR1
ようそ　要素　element　　U2-IR
ようりょう　要領　guide; manual　U6-SR2
よこばい　横ばい　flattening　U2-IR
よごれ　汚れ　dirt; grime　U7-L
よさん　予算　budget　　U8-L
よそう　予想　forecast; to expect　U2-L
よそく　予測　forecast; to forecast
　　　　　　　　U1-IR　U2-L　U3-L
よぞら　夜空　night sky　U5-SR1
よはく　余白　blank space　U5-IR
よみて　読み手　reader　U6-IR

よみとる　読み取る　to read; to glean
　　　　　　　　　　　　　　　　U3-IR
よゆう　余裕　room; margin　U8-L
よりょく　余力　surplus power　U8-IR
よわる　弱る　to weaken　U7-L

ら

ライター　writer　　　　　U8-L
らてんご　ラテン語　Latin　U6-SR2

り

りじ　理事　director　　U4-SR1
リスク　risk　　　　　　　U7-IR
りったいてき（な）　立体的（な）
　　three-dimensional　　U5-L
りゅうすい　流水　running water　U7-L
りょう　量　amount; volume　U2-SR2
りょういき　領域　area　　U1-IR
りんりてき（な）　倫理的（な）　ethical
　　　　　　　　　　　　　　　　U8-IR

る

～るい　～類　sort of ～; type of ～　U2-IR
ルート　route　　　　　　U8-IR

れ

れいがい　例外　exception　U2-SR2
れいぞうこ　冷蔵庫　refrigerator
　　　　　　　　　　　　　　　　U7-SR1
レビュー　review　　　　　U1-L

ろ

ろうか　老化　aging　　　U7-IR

わ

わかもの　若者　young people　U2-L
わける　分ける　to divide　U1-L　U2-IR
わご　和語　Japanese words　U6-IR
～わり　～割　～ percentage
　　(in units of 10)　U2-IR　U3-SR1
わりと　割と　relatively　　U1-L
わるぐち　悪口　bad-mouthing　U6-SR2

著者紹介

根本 愛子（ねもと あいこ）
一橋大学大学院言語社会研究科第2部門博士課程修了、博士（学術）。現在、東京大学大学院総合文化研究科准教授。著書に、『日本語学習動機とポップカルチャー～カタールの日本語学習者を事例として～（M-GTA モノグラフ・シリーズ3）』（ハーベスト社）、『東京大学教養学部のアカデミック・ジャパニーズ J-PEAK 中級』（ジャパンタイムズ出版・共著）がある。

ボイクマン 総子（ぼいくまん ふさこ）
大阪外国語大学大学院言語社会研究科博士後期課程修了、博士（言語・文化学）。現在、東京大学大学院総合文化研究科教授。著書に、『聞いて覚える話し方 日本語生中継』シリーズ、『ストーリーで覚える漢字』シリーズ、『わたしのにほんご』（全てくろしお出版・共著）、『生きた素材で学ぶ新・中級から上級への日本語』（ジャパンタイムズ出版・共著）、『東京大学教養学部のアカデミック・ジャパニーズ J-PEAK 中級』（ジャパンタイムズ出版・共著）がある。

藤井 明子（ふじい あきこ）
上越教育大学大学院学校教育研究科修士課程修了、修士（教育学）。現在、東京大学教養学部非常勤講師。

参考文献

〈本書について〉
1）リベラルアーツ
　　菅付雅信 編（2018）『これからの教養 激変する世界を生き抜くための知の11講』ディスカヴァー・トゥエン
　　　ティワン
　　瀬木比呂志（2015）『リベラルアーツの学び方』ディスカヴァー・トゥエンティワン
　　山口周（2021）『自由になるための技術 リベラルアーツ』講談社
2）アカデミック・ジャパニーズ
　　門倉正美（2006）「〈学びとコミュニケーション〉の日本語力 アカデミック・ジャパニーズからの発信」門倉
　　　正美他 編『アカデミック・ジャパニーズの挑戦』ひつじ書房，3-20
　　山本富美子（2004）「アカデミック・ジャパニーズに求められる能力とは―論理的・分析的・批判的思考法と
　　　語彙知識をめぐって―」『移転記念シンポジウム―アカデミック・ジャパニーズを考える― 報告書』東京
　　　外国語大学留学生日本語教育センター，1-6
3）研究知見
　　菅長陽一・松下達彦（2013）「オンライン日本語テキスト語彙分析器 J-LEX」
　　http://www17408ui.sakura.ne.jp/（最終アクセス：2023年11月28日）
　　国際交流基金・横山紀子（2008）『聞くことを教える（国際交流基金教授法シリーズ5）』ひつじ書房
　　Koda K. and Yamashita J. (ed.) (2019) *Reading to Learn in a Foreign Language: An Integrated Approach to*
　　Foreign Language Instruction and Assessment. Routledge Research in Language Education.

〈ユニット1〉
スティーブン・R・コヴィー 著，フランクリン・コヴィー・ジャパン 訳（2020）『完訳 7つの習慣 人格主義の
　　回復』キングベアー出版
松田文子・橋本優花里・井上芳世子・森田愛子・山崎理央・三宅幹子（2002）「時間管理能力と自己効力感、メタ
　　認知能力、時間不安との関係」『広島大学心理学研究』2, 85-93
ライダー・キャロル 著，栗木さつき 訳（2019）『バレットジャーナル 人生を変えるノート術』ダイヤモンド社
Brian Tracy (2017) *Eat That Frog!: 21 Great Ways to Stop Procrastinating and Get More Done in Less Time.*
　　Berrett-Koehler Publishers.
Doran, G.T. (1981) There's a S.M.A.R.T Way to Write Management's Goals and Objectives. *Management review,*
　　70, November, 35-36.
Ryder Carroll (2018) *The Bullet Journal Method: Track the Past, Order the Present, Design the Future.* Penguin
　　Random House LLC.

〈ユニット2〉
一般社団法人 日本自動車工業会（2023）「日本の自動車工業 2023」https://www.jama.or.jp/library/publish/mioj/
　　ebook/2023/MIoJ2023_j.pdf（最終アクセス 2023年11月22日）
一般社団法人 日本自動車工業会「Active Matrix Database System」https://jamaserv.jama.or.jp/newdb/（最終アク
　　セス 2023年11月22日）
経済産業省 資源エネルギー庁（n.d.）「日本のエネルギー 2022年度版―安定供給」https://www.enecho.meti.go.
　　jp/about/pamphlet/energy2022/001/（最終アクセス 2023年11月22日）
徐寧教（2012）「マザー工場制の変化と海外工場―トヨタ自動車のグローバル生産センターとインドトヨタを事例
　　に」『国際ビジネス研究』4 (2), 79-91
東京商工リサーチ（2022）「相次ぐ食品値上げ 安値で在庫豊富な『お米』、米離れ脱却の好機に」https://www.
　　tsr-net.co.jp/data/detail/1191212_1527.html（最終アクセス 2023年11月22日）
富吉賢一（2021）「我が国繊維産業の現状」https://www.meti.go.jp/shingikai/sankoshin/seizo_sangyo/textile_
　　industry/pdf/001_07_00.pdf（最終アクセス 2023年11月22日）

日本化学繊維協会（n.d.）「統計情報（日本の繊維産業）貿易」https://www.jcfa.gr.jp/mg/wp-content/uploads/2020/02/5boueki.xlsx（最終アクセス 2023 年 11 月 22 日）

矢野恒太記念会編（2022）『日本国勢図会 2022/23 年版』矢野恒太記念会

MarkLines（n.d.）「2022 年 日系メーカー世界生産台数」https://www.marklines.com/ja/statistics/product/jp_pro2022（最終アクセス 2023 年 11 月 22 日）

〈ユニット 3〉

市川市 HP（n.d.）「防犯カメラの適正な設置及び利用に関する条例」https://www.city.ichikawa.lg.jp/res04/1521000001.html（最終アクセス 2023 年 11 月 22 日）

小泉雄介（2020）「AI 社会における「自由」と「安全」のトレードオフ―顔認識技術のケーススタディ」日本セキュリティ・マネジメント学会誌 34（2）, 3-14

個人情報保護委員会（2022）『資料 1 犯罪予防や安全確保のためのカメラ画像利用に関する有識者検討会 報告書（案）』https://www.ppc.go.jp/files/pdf/20221222_shiryou-1.pdf（最終アクセス 2023 年 11 月 22 日）

ジョージ・オーウェル 著、高橋和久 訳（2009）『一九八四年（新訳版）』早川書房

Frey, C. B. and Osborne, M. A. (2013) The Future of Employment: How susceptible are jobs to computerization, *Oxford Martin School Working Paper* https://www.oxfordmartin.ox.ac.uk/downloads/academic/The_Future_of_Employment.pdf（最終アクセス 2023 年 11 月 28 日）

〈ユニット 4〉

西垣通（2016）『ビッグデータと人工知能―可能性と罠を見極める』中公新書

野村総合研究所（2015）「日本の労働人口の 49％が人工知能やロボット等で代替可能に―601 種の職業ごとに、コンピューター技術による代替確率を試算」https://www.nri.com/-/media/Corporate/jp/Files/PDF/news/newsrelease/cc/2015/151202_1.pdf（最終アクセス 2023 年 11 月 22 日）

松原仁（2018）『AI に心は宿るのか』インターナショナル新書

そもそも総研「そもそも人工知能があなたの仕事を奪うって本当？」テレビ朝日（2017 年 8 月 10 日放送）http://www.tv-asahi.co.jp/m-show/dailysegments/souken/20170810/11606（最終アクセス 2018 年 12 月 10 日）

「Prime Time 経営者は語る―監査と会計の知見・経験を生かし、国民経済の発展や社会的な課題解決に寄与したい 関根愛子」『週刊ダイヤモンド』2018 年 7 月 14 日号 https://jicpa.or.jp/cpainfo/weekly_diamond_20180714.pdf（最終アクセス 2023 年 11 月 22 日）

「AI の可能性と会計監査への活用」『会計・監査ジャーナル』2017 年 5 月号 https://jicpa.or.jp/cpainfo/journal_201705.pdf（最終アクセス 2023 年 11 月 22 日）

〈ユニット 5〉

黒田泰三（2010）『もっと知りたい長谷川等伯―生涯と作品』東京美術

宮島新一（2003）『長谷川等伯―真にそれぞれの様を写すべし』ミネルヴァ書房

小倉千絵（2006）「「余白」の理解を目的とした長谷川等伯『松林図屏風』の鑑賞教材化研究」『美術教育学』27, 107-119

出光美術館（2022）『仙厓 BEST100 ARTBOX』講談社

中山喜一郎監修・編集（2016）『仙厓―ユーモアあふれる禅のこころ』平凡社

土屋貴裕・三戸信惠 監修・著、板倉聖哲 著（2020）『もっと知りたい鳥獣戯画』東京美術

有田洋子（2013）「日本美術の諸様式を言語化して理解させる鑑賞教育方法―キャッチフレーズによる仏像様式の鑑賞」『美術教育学』34, 33-47

東京富士美術館（n.d.）「名所江戸百景 亀戸梅屋舗」https://www.fujibi.or.jp/our-collection/profile-of-works.html?work_id=1171（最終アクセス 2023 年 11 月 22 日）

文化遺産オンライン（n.d.）「名所江戸百景 亀戸梅屋舗」https://bunka.nii.ac.jp/heritages/detail/246690（最終アクセス 2023 年 11 月 22 日）

〈ユニット 6〉

国立国語研究所「外来語」委員会（2006）「『外来語』言い換え提案 第 1 回〜第 4 回 総集編―分かりにくい外来語を分かりやすくするための言葉遣いの工夫」https://www2.ninjal.ac.jp/gairaigo/Teian1_4/iikae_teian1_4.pdf（最終アクセス 2023 年 11 月 22 日）

塩田雄大（2022）「"外来語の増加に賛成"が6割—2022年「日本語のゆれに関する調査」から（1）」『放送研究と調査』2022年12月号, 22-39

鈴木範久（2017）『聖書の日本語—翻訳の歴史』岩波オンデマンドブックス

東京大学（2022）「東京大学ダイバーシティ＆インクルージョン宣言」制定について https://www.u-tokyo.ac.jp/ja/about/actions/di01.html（最終アクセス 2023年11月28日）

飛田良文（2019）『明治生まれの日本語』角川ソフィア文庫

文化庁文化審議会国語分科会（2021）「新しい『公用文作成の要領』に向けて（報告）」https://www.bunka.go.jp/seisaku/bunkashingikai/kokugo/hokoku/pdf/92895101_01.pdf（最終アクセス 2023年11月22日）

丸山真男・加藤周一（1998）『翻訳と日本の近代』岩波新書

〈ユニット7〉

安藤朗（2015）「腸内細菌の種類と定着—その隠された臓器としての機能」『日本内科学会雑誌』104, 29-34

辨野義己（2016）「講演3　新時代を迎えた腸内常在菌研究—腸内常在菌データベースによる新しい健康管理法の確立」『Animus』21（4）, 16-22

ロブ・ダン 著、今西康子 訳（2021）『家は生態系—あなたは20万種の生き物と暮らしている』白揚社

石田和夫・三浦英雄（2000）「手洗い効果の細菌学的考察」『名古屋文理短期大学紀要』25, 43-48

一般社団法人 日本アレルギー学会「アレルギーを知ろう」https://www.jsa-pr.jp/html/knowledge.html（最終アクセス 2023年11月22日）

野田衛（2014）「ノロウイルスによる食中毒の現状と対策」https://www.nihs.go.jp/kanren/shokuhin/20140220-fhm.pdf（最終アクセス 2023年11月22日）

PRO SARAYA（n.d.）「プロフェッショナル手洗い」https://pro.saraya.com/pro-tearai/purpose/wash.html（最終アクセス 2023年11月22日）

〈ユニット8〉

鬼塚俊宏（2011）世界の課題を解決する新たな経済システム　グラミン・ダノン事例, ITmedia エグゼクティブ https://mag.executive.itmedia.co.jp/executive/articles/1112/14/news015_3.html（最終アクセス 2023年11月22日）

清水剛（2010）「日本における『企業の社会的責任』の展開」橘川武郎・久保文克 編『講座・日本経営史 第6巻 グローバル化と日本型企業システムの変容—1985〜2008』, ミネルヴァ書房, 253-278

関谷周祐（2019）「社会課題に対する CSV 戦略の有効性に関する考察—伊藤園のケース」『商大ビジネスレビュー』8（4）, 45-65

一般社団法人 日本経済団体連合会 企業行動委員会 / 社会貢献推進委員会 社会的責任経営部会（2005）「CSR推進ツール」https://www.keidanren.or.jp/japanese/policy/csr/tool.pdf（最終アクセス 2023年11月22日）

林倬史研究室（2011）「ソーシャルビジネスとグラミン銀行—【連載】多国籍企業の BOP 戦略は発展途上国の貧困問題を解消できるか？」https://www.sbbit.jp/article/cont1/23520（最終アクセス 2023年11月22日）

ムハマド・ユヌス 著、猪熊弘子 訳（2008）『貧困のない世界を創る—ソーシャル・ビジネスと新しい資本主義』早川書房

Carroll, A. B. (2008). A History of Corporate Social Responsibility: Concepts and Practices. In Andrew Crane, Abigail McWilliams, Dirk Matten, Jeremy Moon & Donald Siegel (eds.) *The Oxford Handbook of Corporate Social Responsibility.* Oxford University Press, 19-46.

Porter, M. E. and Kramer, M. R. (2011) The Big Idea: Creating Shared Value. *Harvard Business Review.* January-February. 1-17.

Porter, M. E. and Kramer, M. R. (2011) Creating Shared Value. *Harvard Business Review.* Vol.89, No.1-2, 62-77（編集部 訳（2011）「共通価値の戦略」『ダイヤモンド・ハーバード・ビジネス・レビュー』第36巻, 第6号, ダイヤモンド社, 8-31）

東京大学教養学部の
アカデミック・ジャパニーズ

J–PEAK

Japanese
for
Liberal Arts
at
the University of Tokyo

中上級
Pre-advanced
Level

the japan times PUBLISHING

もくじ
Contents

単語リスト・文型表現
<ruby>単<rt>たん</rt></ruby><ruby>語<rt>ご</rt></ruby>リスト・<ruby>文<rt>ぶん</rt></ruby><ruby>型<rt>けい</rt></ruby>表現
Vocabulary List & Building Sentences

Unit 1 目標達成のための時間管理 ⋯⋯⋯⋯ 5
<ruby>目<rt>もく</rt></ruby><ruby>標<rt>ひょう</rt></ruby><ruby>達<rt>たっ</rt></ruby><ruby>成<rt>せい</rt></ruby> <ruby>管<rt>かん</rt></ruby><ruby>理<rt>り</rt></ruby>
Time Management for Achieving Goals

Unit 2 データから見る日本の産業 ⋯⋯⋯⋯ 12
Japanese Industry Perceived Through Data

Unit 3 町中のカメラ ⋯⋯⋯⋯ 20
<ruby>町<rt>まち</rt></ruby><ruby>中<rt>なか</rt></ruby>
Cameras in Town

Unit 4 人工知能と働く ⋯⋯⋯⋯ 26
<ruby>人<rt>じん</rt></ruby><ruby>工<rt>こう</rt></ruby><ruby>知<rt>ち</rt></ruby><ruby>能<rt>のう</rt></ruby>
Working with Artificial Intelligence

Unit 5 日本美術 ⋯⋯⋯⋯ 31
<ruby>美<rt>び</rt></ruby><ruby>術<rt>じゅつ</rt></ruby>
Japanese Art

Unit 6 外来語の取り扱い ⋯⋯⋯⋯ 36
<ruby>外<rt>がい</rt></ruby><ruby>来<rt>らい</rt></ruby><ruby>語<rt>ご</rt></ruby> <ruby>取<rt>と</rt></ruby> <ruby>扱<rt>あつか</rt></ruby>
Dealing with Words of Foreign Origin

Unit 7 身の回りの細菌と健康の関係 ⋯⋯⋯⋯ 42
<ruby>身<rt>み</rt></ruby> <ruby>回<rt>まわ</rt></ruby> <ruby>細<rt>さい</rt></ruby><ruby>菌<rt>きん</rt></ruby> <ruby>健<rt>けん</rt></ruby><ruby>康<rt>こう</rt></ruby>
Bacteria Found in Our Surroundings and Our Health

Unit 8 企業の社会に対する貢献 ⋯⋯⋯⋯ 48
<ruby>企<rt>き</rt></ruby><ruby>業<rt>ぎょう</rt></ruby> <ruby>貢<rt>こう</rt></ruby><ruby>献<rt>けん</rt></ruby>
The Contribution of Companies to Society

1

単語リストの記号 　Symbols in Vocabulary List

★★ = terms you should be able to use on your own, including reading and writing (active vocabulary)

★ = terms you should be able to read and understand the meaning of, even if you cannot write them
(passive vocabulary)

[N] = noun 　　　　[N スル] = nouns that become verbs by adding *suru*

[V] = verb 　　　[い Adj.] = い adjective 　　　[な Adj.] = な adjective 　　　[Adv.] = adverb

[Conj.] = conjugation 　　　　[Others] = suffix, expression, etc.

品詞と活用形の記号 　Symbols for Parts of Speech and Conjugations

名詞	noun	N	学生
い形容詞	い adjective	イA い	おいしい
い形容詞語幹	stem of い adjective	イA	おいし
な形容詞	な adjective	ナA な	有名な
な形容詞語幹	stem of な adjective	ナA	有名
動詞	verb		
辞書形	dictionary form	V dic	行く
マス形	ます form	Vます	行きます
マス形語幹	stem of ます form	Vます	行き
ナイ形	ない form	Vない	行かない
ナイ形語幹	stem of ない form	Vない	行か
テ形	て form	Vて	行って
タ形	た form	Vた	行った
意向形	volitional form	V（よ）う	行こう
可能形	potential form	Vpot	行ける
可能形語幹	stem of potential form	Vpotます	行け
普通体	plain form	plain	

名詞	affirmative	negative
non-past	学生だ	学生じゃない
past	学生だった	学生じゃなかった

な形容詞	affirmative	negative
non-past	有名だ	有名じゃない
past	有名だった	有名じゃなかった

い形容詞	affirmative	negative
non-past	おいしい	おいしくない
past	おいしかった	おいしくなかった

動詞	affirmative	negative
non-past	行く	行かない
past	行った	行かなかった

だ・である体　Plain style

	です・ます体（丁寧体）	だ体（普通体）	である体
	文の終わり		
V	行きます	行く	
	行きました	行った	
	行きません	行かない	
	行きませんでした	行かなかった	
イA	忙しいです	忙しい	
	忙しかったです	忙しかった	
	忙しくないです	忙しくない	
	忙しくなかったです	忙しくなかった	
ナA	重要です	重要だ	重要である
	重要でした	重要だった	重要であった
	重要じゃないです	重要ではない	
	重要じゃなかったです	重要ではなかった	
N	問題です	問題だ	問題である
	問題でした	問題だった	問題であった
	問題じゃないです	問題ではない	
	問題じゃなかったです	問題ではなかった	
その他	述べています	述べている	
	変えましょう	変えよう	
	変えてください	変えてほしい／変えてもらいたい	
	考えてみたいです	考えてみたい	
	考えなければなりません	考えなければならない	
	違うんです	違うのだ	違うのである
	違うでしょう	違うだろう	違うであろう
	行くのでしょうか	行くのだろうか	行くのであろうか
	するみたいです	するようだ	するようである
	（人々は）考えています	〜と考えられている	
	（人々は）言っています	〜と言われている	
	〜そうです	〜という 〜とのことだ	〜という 〜とのことである

	です・ます体（丁寧体）	だ体（普通体）	である体
	文の途中		
V	行って、	行き、	
	行かなくて、　しなくて、	行かず、　せず、	
	行かないで、　しないで、	行かず（に）、　せず（に）、	
イ A	忙しくて、	忙しく、	
	忙しくなくて、	忙しくなく、	
	忙しいし、	忙しく、	
ナ A	重要で、	重要で、	重要であり、
	重要じゃなくて、	重要で（は）なく、	
N	問題で、	問題で、	問題であり、
	問題じゃなくて、	問題で（は）なく、	
その他	住んでいて、	住んでおり、	
	住んでいなくて、	住んでいなくて、	住んでおらず、
	（理由）から、	（理由）ので／（理由）ため、	
	～けど、	～けれど（も）／が、	
	～たら、	～ば／場合／と、	
	～時、	～時／際、	

◎その他に、「いろんな／いろいろな」は、「だ・である体」で「さまざまな」になるなど、単語レベルで変化する場合があります。

例）

カジュアルな表現	フォーマルな表現
だけど／でも	だが／しかし
すごく／とても	非常に
ちょっと／少し	多少／わずか（に）
どんどん	急激に／急速に
だんだん	次第に／徐々に
こんな／そんな／あんな	このような／そのような／あのような
もっと	さらに／より
もう	すでに

			ていねいに読む　Intensive Reading	
★★	日々	ひび	day-to-day	[N]
★★	長期的（な）	ちょうきてき（な）	long-term	[なAdj.]
★★	目標	もくひょう	goal	[N]
★★	決定	けってい	decision; to decide	[Nスル]
★★	実行	じっこう	implementation; to implement	[Nスル]
★★	望む	のぞむ	to hope for; to desire	[V]
★★	実現	じつげん	realization; to turn into reality	[Nスル]
	ハウツー本	はうつーぼん	how-to book	[N]
★★	共通	きょうつう	commonality; to be common to	[Nスル]
★	書き出す	かきだす	to write out	[V]
★★	優先	ゆうせん	priority; to prioritize	[Nスル]
★	順位	じゅんい	order	[N]
★★	達成	たっせい	achievement; to achieve	[Nスル]
★★	設定	せってい	setting; to set	[Nスル]
★★	確実（な）	かくじつ（な）	without fail	[なAdj.]
★★	まとめる		to summarize	[V]
★★	大統領	だいとうりょう	president	[N]
★★	提案	ていあん	proposal; to propose	[Nスル]
★	マトリックス		matrix	[N]
★★	緊急	きんきゅう	urgent	[N]
★★	～に基づいて	～にもとづいて	based on ~	[Others]
★★	領域	りょういき	area	[N]
★★	分類	ぶんるい	classification; to classify	[Nスル]
★★	かつ		and also; as well as	[Conj.]
★	締め切り	しめきり	deadline	[N]
★★	危機	きき	crisis	[N]
★★	最～	さい～	the most ~	[Others]
★★	取り組む	とりくむ	to deal with; to make an effort	[V]
★	後回し	あとまわし	putting off	[N]
★	暇つぶし	ひまつぶし	killing time	[N]
★	思い込む	おもいこむ	to be under the impression that	[V]
★★	他人	たにん	other people	[N]
★★	任せる	まかせる	to leave up to (someone); to entrust	[V]
★★	さて		now; well	[Conj.]
★★	握る	にぎる	to grip	[V]
★	ついつい		unintentionally	[Others]
★★	健康的（な）	けんこうてき（な）	healthy	[なAdj.]
★	修得	しゅうとく	acquisition (of knowledge, skill, etc.); to acquire	[Nスル]
★★	継続	けいぞく	continuation; to continue	[Nスル]
★★	人生	じんせい	life	[N]
★	組み込む	くみこむ	to incorporate into	[V]
★★	積極的（な）	せっきょくてき（な）	active	[なAdj.]

			ていねいに読む Intensive Reading	
★★	明確（な）	めいかく（な）	clear	[なAdj.]
★★	基準	きじゅん	standard; criteria	[N]
★	経営コンサルタント	けいえいこんさるたんと	business consultant	[N]
★	提唱	ていしょう	advocacy; to advocate	[Nスル]
★★	具体的（な）	ぐたいてき（な）	concrete	[なAdj.]
★	数値	すうち	number; figure	[N]
★	測定	そくてい	measurement; to measure	[Nスル]
★★	〜観	〜かん	view; outlook on 〜	[Others]
★★	関連	かんれん	relation; to relate to	[Nスル]
★	期限	きげん	time limit	[N]
★★	作成	さくせい	creation; to create; to write	[Nスル]
★	的確（な）	てきかく（な）	accurate	[なAdj.]
★★	予測	よそく	forecast; to forecast	[Nスル]
★★	成績	せいせき	grades; academic record	[N]
★	切り拓く	きりひらく	to clear the way; to carve out (a path, etc.)	[V]
★	欠かせない	かかせない	cannot do without; indispensable	[Others]
★	挑戦	ちょうせん	challenge; to take on a challenge	[Nスル]

			すばやく読む1　Speed Reading 1	
★	カエル		frog	[N]
★	間際	まぎわ	just before	[N]
★★	慌てる	あわてる	to be flustered; to panic	[V]
★	言い訳	いいわけ	excuse	[N]
★	先延ばし	さきのばし	postponing; putting off	[N]
★	試す	ためす	to try; to try out	[V]
★	著者	ちょしゃ	author	[N]
★★	困難（な）	こんなん（な）	difficult	[なAdj.]
★★	伴う	ともなう	to accompany; to involve	[V]
★★	表す	あらわす	to represent; to express	[V]
★★	集中	しゅうちゅう	concentration; to concentrate	[Nスル]
★	半信半疑	はんしんはんぎ	half in doubt; not quite believe	[N]
★	単語	たんご	word; vocabulary	[N]
★★	試みる	こころみる	to try; to attempt	[V]
★	挫折	ざせつ	setback; to be discouraged	[Nスル]
★	スラスラと		fluently; easily	[Adv.]
★	回数	かいすう	number of times	[N]
★★	減る	へる	to decrease; to diminish	[V]
★★	速度	そくど	speed	[N]
★★	職業	しょくぎょう	job; occupation	[N]

★★	お勧め	おすすめ	recommendation	[N]
★★	～術	～じゅつ	technique of ~; ~ skills	[Others]
★	書き留める	かきとめる	to write down; to jot down	[V]
★★	整理	せいり	organization; to put things in order	[Nスル]
★	デジタル手帳	でじたるてちょう	digital planner; digital scheduler	[N]
★	付箋	ふせん	sticky note	[N]
★★	あえて		dare to; deliberately do	[Adv.]
	注意欠陥障害	ちゅういけっかんしょうがい	attention deficit disorder	[N]
★	散漫（な）	さんまん（な）	unfocused; scatterbrained	[なAdj.]
★★	思考	しこう	thought; thinking	[N]
★★	振る	ふる	to assign (a number, etc.)	[V]
★	目次	もくじ	table of contents	[N]
★★	～ごと		every ~	[Others]
★	見開き	みひらき	two-page spread	[N]
★	日付	ひづけ	date	[N]
★★	残り	のこり	the rest; leftover	[N]
★★	出来事	できごと	events; things that have occurred	[N]
★★	記録	きろく	record; to record	[Nスル]
★	箇条書き	かじょうがき	itemizing using bullet points	[N]
★★	誕生日	たんじょうび	birthday	[N]
★★	感謝	かんしゃ	thanks; to thank	[Nスル]
★★	長期	ちょうき	long-term	[N]
★★	過去	かこ	the past	[N]
★★	振り返る	ふりかえる	to look back on	[V]
★★	定める	さだめる	to set	[V]
★★	未来	みらい	the future	[N]
★	設計	せっけい	design; to plan	[Nスル]
★	画期的（な）	かっきてき（な）	revolutionary	[なAdj.]
★	各国	かっこく	many countries; each country	[N]
★★	出版	しゅっぱん	publication; to publish	[Nスル]
★	中期	ちゅうき	medium-term	[N]
★	順調（な）	じゅんちょう（な）	smooth; without any hitches	[なAdj.]
★★	心理的（な）	しんりてき（な）	psychological	[なAdj.]
★★	負担	ふたん	burden; to bear the burden of	[Nスル]
★	またぐ		to stretch over	[V]
★★	容易（な）	ようい（な）	easy	[なAdj.]

★★	期末	きまつ	end of term; end of semester	[N]
★	一通り	ひととおり	overall	[N/Adv.]
★★	～なんか		as for ~	[Others]
★	課題図書	かだいとしょ	assigned book	[N]
★	早め	はやめ	early on	[N]
★	焦る	あせる	to panic	[V]
★★	前日	ぜんじつ	the day before	[N]
★★	当日	とうじつ	that very day	[N]
★★	直前	ちょくぜん	just before	[N]
★★	今回	こんかい	this time	[N]
★★	課題	かだい	assignment	[N]
★	レビュー		review	[N]
★	やばい		that's awful; gosh (when faced with impending disaster, etc.)	[いAdj.]
★	見習う	みならう	to emulate	[V]
★	外交官	がいこうかん	diplomat	[N]
★★	つながる		to connect	[V]
★	やる気	やるき	motivation	[N]
★★	ただ		as it is	[Conj.]
★	きつい		be hard on someone	[いAdj.]
★	見積もる	みつもる	to estimate	[V]
★	割と	わりと	relatively	[Adv.]
★	まとめ		summary	[N]
★★	分ける	わける	to divide	[V]
★★	えらい		admirable	[いAdj.]
★	計画倒れ	けいかくだおれ	disintegration of plan	[N]
★	入れ替える	いれかえる	to turn over (a new leaf, etc.)	[V]
★	真似る	まねる	to imitate	[V]

1 ～ねばならない　must do ~

① 第１領域のタスクは、締め切りのある仕事や危機対応など、最優先で取り組まねばならないタスクである。　p.26

Tasks in Area 1 are tasks such as assignments with deadlines or crisis management that must be dealt with as a top priority.

② 健康を維持するために、適度な運動を心がけねばならない。
We must be mindful to exercise moderately in order to stay healthy.

③ 環境保護は、地球上の誰もが考えねばならぬ問題である。
Environmental protection is an issue that everyone on the planet Earth must give thought to.

V ない	ねばならない
	ねばならぬ

"X ねばならない" is an expression equivalent to "X なければならない" used in writing. Also, "X ねばならぬ" is an expression that sounds more formal than "X ねばならない." If the verb ends in "する," it becomes "X せねばならない," not "X しねばならない."

例）管理する　→　×管理しねばならない
　　かんり　　　　　　かんり
　　　　　　　　　　○管理せねばならない
　　　　　　　　　　　　かんり

❶ 新しい技術について行くためには、＿＿＿＿＿＿＿＿＿＿＿＿＿＿＿＿＿＿＿＿。
　　　　　ぎじゅつ

❷ 本当はそうしたくはないが、＿＿＿＿＿＿＿＿＿＿＿＿＿＿＿＿＿時がある。

❸ ＿＿＿＿＿＿＿＿＿＿＿＿＿＿＿＿＿＿＿＿ねばならないと思う。

2　〜がちだ　　tend to ~

① 第3領域のタスクは、重要性が低いにも関わらず、緊急だからという理由で重要だと思
　　りょういき　　　　　　　　　　　　　　　　きんきゅう　　　　　りゆう　　　　　　おも
　い込みがちなタスクである。
　　こ　　　　　　　　　　　　　　　　　　　　　　　　　　　　　　　　　**p.26**

Tasks in Area 3 are tasks that people tend to assume are important because they are urgent, even though they are of little importance.

② 彼は体が弱く、子どもの時、学校を休みがちだった。

His health was poor, and as a child, he tended to miss school often.

③ 忙しいと、約束した予定をつい忘れがちになる。
　　いそが　　　　やくそく　　よてい　　　　わす
When we are busy, we tend to forget appointments we have scheduled.

V ます	
N	がち

An expression that means something "often ends up that way" or "tends to become that way." It is used in a negative context, and often used together with "どうしても (inevitably)," "つい (inadvertently)," or "うっかり (thoughtlessly)."

❶ 一人暮らしをしていると、＿＿＿＿＿＿＿＿＿＿＿＿＿＿＿＿がちになる。
　　ひとりぐ

❷ ＿＿＿＿＿＿＿＿＿＿＿＿＿＿＿＿＿がちなので、気をつけようと思う。

❸ ＿＿＿＿＿＿＿＿＿＿＿＿＿＿＿がち＿＿＿＿＿＿＿。

9

3 ～つつ（も） although ～; while ～

① これは、「いつかやろう」と思いつつも、緊急ではないため、ついつい後回しにしがちな
タスクである。 p.26

These are tasks that, while you intend to do them someday, you always end up putting off till later because they are not urgent.

② 彼はタバコをやめると言いつつ、なかなかやめられないでいる。

Although he says he will quit smoking, he can't quite bring himself to do it.

③ 彼女は仕事で忙しい日々を送りつつも、家族との充実した時間も過ごしている。

Although she is busy with work, she also manages to spend quality time with her family.

Vます つつ（も）

The form "X つつ（も）、Y" expresses that Y, which conflicts with X, is nevertheless being done under circumstances of X. X often involves verbs that express thought, such as "思う," "言う," or "知る."

---

❶ ＿＿＿＿＿＿＿＿＿＿＿＿＿＿＿＿と言いつつも、＿＿＿＿＿＿＿＿＿＿＿＿＿＿＿。

❷ ＿＿＿＿＿＿＿＿＿＿＿＿＿＿＿＿と知りつつも、＿＿＿＿＿＿＿＿＿＿＿＿＿＿＿。

❸ ＿＿＿＿＿＿＿＿＿＿＿＿＿＿＿＿つつも、＿＿＿＿＿＿＿＿＿＿＿＿＿＿＿。

---

4 ～としても even if ～

① タスクの優先順位が決まったとしても、各タスクに明確な目標がなければ実行されずに
終わってしまう。 p.26

Even if the order of priority for tasks are set, if a clear goal does not exist for each task, it will end up not being done.

② たとえその主張に間違いはないとしても、言い方が悪ければその主張をきちんと聞いて
くれる人は少ないだろう。

Even if the argument is factually correct, if it is poorly phrased, few people will lend an ear to it.

③ 親友だとしても、言っていいことと悪いことがある。

Even if you are close friends, there are some things you can say and some things you can't.

> **plain** としても
>
> The form "X としても Y" expresses the meaning that "even supposing that X is true, Y will not come to pass." Y denotes matters that are contradictory to what can be expected or predicted based on X. It is often used together with "仮に (even supposing that)," "たとえ (even if)," or "もし（も）(even if)."

❶ たとえ＿＿＿＿＿＿＿＿＿＿＿としても、留学したいというわたしの意志は変わらない。

❷ ＿＿＿＿＿＿＿＿＿＿＿としても、わたしは＿＿＿＿＿＿＿＿＿＿＿と信じる。

❸ ＿＿＿＿＿＿＿＿＿＿＿としても、＿＿＿＿＿＿＿＿＿＿＿＿＿＿＿。

5 ～さえ～ば　as long as ~; once ~

① 計画通りに実行しさえすれば締め切り間際になって慌てなくてもいいし、目標の実現がより早くなる。 **p.31**

As long as you follow through on your plan, you won't panic when the deadline approaches, and you will achieve your goals more quickly.

② 会議の場所に行きさえすれば、あとはなんとかなるだろう。頼もしい同僚がいるから。
Once I get to the meeting place, the rest will be taken care of. I have colleagues I can rely on.

③ 自分で買い物に行かなくても、ネットさえあれば、今は何でも買うことができる。

Nowadays, you can buy anything without going shopping yourself, as long as you have the Internet.

> **Vます** さえすれば
> **N**（物）さえあれば
> **N**（人）さえいれば
>
> Expresses the feeling that it is enough if something is achieved or if something is available, and other things do not matter.

❶ 彼さえ＿＿＿＿＿＿＿＿＿＿＿ば、＿＿＿＿＿＿＿＿＿＿＿＿＿＿＿。

❷ ＿＿＿＿＿＿＿＿＿さえ＿＿＿＿＿＿＿＿＿ば、不安にならなくて済むだろう。

❸ ＿＿＿＿＿＿＿＿＿さえ＿＿＿＿＿＿＿＿＿ば、＿＿＿＿＿＿＿＿＿＿＿。

		ていねいに読む	Intensive Reading	
★	繊維	せんい	textile; fiber	[N]
★	製品	せいひん	product	[N]
★	衣食住	いしょくじゅう	food, clothing and shelter	[N]
★★	基礎	きそ	basis; basic	[N]
★★	要素	ようそ	element	[N]
★	衣料品	いりょうひん	clothing	[N]
★	生地	きじ	cloth	[N]
★★	加える	くわえる	to add	[V]
★	化学	かがく	chemical	[N]
★★	まとめる		to summarize; to gather all together	[V]
★★	扱う	あつかう	to handle; to deal with	[V]
★★	販売	はんばい	sales; to sell	[Nスル]
★★	分ける	わける	to divide	[V]
★★	近代	きんだい	modern times	[N]
★★	発展	はってん	development; progress; to develop; to make progress	[Nスル]
★★	大正時代	たいしょうじだい	the Taisho era	[N]
★	総額	そうがく	total amount	[N]
★★	占める	しめる	to occupy; to take up	[V]
★★	上る	のぼる	to reach up to; to climb	[V]
★★	第二次世界大戦	だいにじせかいたいせん	World War II	[N]
★	縮小	しゅくしょう	reduction; shrinkage; to reduce; to shrink	[Nスル]
★★	終戦	しゅうせん	end of war	[N]
★★	減る	へる	to decrease; to diminish	[V]
★	GHQ	ジーエイチキュー	General Headquarters	[N]
★★	戦後	せんご	postwar	[N]
★	復興	ふっこう	revival; reconstruction; to revive	[Nスル]
★★	回復	かいふく	recovery; to recover	[Nスル]
★★	額	がく	amount; monetary figure	[N]
★★	半ば	なかば	middle of; mid-	[N]
★★	高度経済成長期	こうどけいざいせいちょうき	period of rapid economic growth	[N]
★★	～類	～るい	sort of ～; type of ～	[Others]
★★	急速（な）	きゅうそく（な）	quick: speedy	[なAdj.]
★	プラザ合意	ぷらざごうい	Plaza Accord	[N]
★	円高ドル安	えんだかどるやす	strong yen, weak dollar	[N]
★★	主（な）	おも（な）	main	[なAdj.]
★	人件費	じんけんひ	labor costs	[N]
★	各国	かっこく	each country	[N]
★★	価格	かかく	price	[N]
★★	大量	たいりょう	mass; large volumes	[N]
★★	移す	うつす	to move; to relocate	[V]
★	数量	すうりょう	quantity; volume	[N]
★	ベース		base	[N]

			ていねいに読む	Intensive Reading	
★★	金額	きんがく		monetary figure	[N]
★★	最大	さいだい		the largest; the biggest	[N]
★★	～以降	～いこう		after ~; following ~	[Others]
★	大幅（な）	おおはば（な）		substantial; by a wide margin	[なAdj.]
★	上回る	うわまわる		to exceed; to surpass	[V]
★	兆	ちょう		trillion	[Others]
★★	ほぼ			almost	[Adv.]
★	横ばい	よこばい		flattening	[N]
★	年々	ねんねん		every year; with each year	[Adv.]
★★	高価格	こうかかく		high price	[N]
★★	民族衣装	みんぞくいしょう		folk costume	[N]
★★	好む	このむ		to favor; to prefer	[V]
★★	一定	いってい		a certain (amount, number, etc.)	[N]
★★	観光客	かんこうきゃく		tourist	[N]
★★	飛行機	ひこうき		airplane	[N]
★	炭素繊維	たんそせんい		carbon fiber	[N]
★★	～割	～わり		~ percentage (in units of 10)	[Others]
	NASA	ナサ		National Aeronautics and Space Administration	[N]
	火星探査機	かせいたんさき		Mars probe	[N]
★	着陸	ちゃくりく		landing; to land	[Nスル]
★	エアバッグ			airbag	[N]
	ポリアリレート繊維	ぽりありれーとせんい		polyarylate fiber	[N]
★★	市場	しじょう		market	[N]
★★	業界	ぎょうかい		industry	[N]
★★	新た（な）	あらた（な）		new	[なAdj.]
★★	開発	かいはつ		development; to develop	[Nスル]
★★	提案	ていあん		proposal; to propose	[Nスル]
★★	検討	けんとう		review; to consider	[Nスル]
★★	期待	きたい		expectation; to expect	[Nスル]

			すばやく読む1	Speed Reading 1	
★★	頼る	たよる		to rely on	[V]
★★	エネルギー			energy	[N]
★	欠かせない	かかせない		cannot do without; indispensable	[Others]
★	原油	げんゆ		crude oil	[N]
★	石炭	せきたん		coal	[N]
	液化天然ガス	えきかてんねんがす		liquefied natural gas	[N]
★	化石燃料	かせきねんりょう		fossil fuel	[N]
★★	太陽	たいよう		sun; solar	[N]
★	風力	ふうりょく		wind power	[N]
★	水力	すいりょく		hydropower	[N]
★	地熱	ちねつ		terrestrial heat	[N]
★★	再生可能エネルギー	さいせいかのうえねるぎー		renewable energy	[N]
★	原子力	げんしりょく		nuclear power	[N]

	すばやく読む1		Speed Reading 1	
★	加工	かこう	process; to process	[Nスル]
★★	グラフ		graph	[N]
★★	依存	いぞん	reliance; to rely on	[Nスル]
★	オイルショック		oil shock	[N]
★	努める	つとめる	to try hard; to strive	[V]
★	情勢	じょうせい	situation; circumstances	[N]
★★	安定	あんてい	stable; to stabilize	[Nスル]
★	万一	まんいち	however unlikely; in the worst case	[Adv.]
★	近年	きんねん	recent years	[N]
★	需要	じゅよう	demand	[N]
★	高まる	たかまる	to rise	[V]
★★	上昇	じょうしょう	rise; to rise	[Nスル]
★★	増加	ぞうか	increase; to increase	[Nスル]
★★	確保	かくほ	securement; to ensure; to secure	[Nスル]
★★	価格交渉	かかくこうしょう	price negotiation; to negotiate the price	[Nスル]
★★	保つ	たもつ	to keep; to maintain	[V]
★★	増やす	ふやす	to augment; to multiply	[V]
★★	転換	てんかん	conversion; to convert	[Nスル]
★★	図る	はかる	to attempt	[V]
★★	対策	たいさく	countermeasure; to take measures	[Nスル]
★★	進める	すすめる	to proceed with; to carry out	[V]

	すばやく読む2		Speed Reading 2	
★	供給	きょうきゅう	supply; to supply	[Nスル]
★★	農業	のうぎょう	agriculture	[N]
★★	量	りょう	amount; volume	[N]
★	食料自給率	しょくりょうじきゅうりつ	food self-sufficiency rate	[N]
★★	挙げる	あげる	to give (as an example, etc.)	[V]
★	食料品	しょくりょうひん	food; food products	[N]
★	主食	しゅしょく	staple food	[N]
★★	自給	じきゅう	self-sufficiency; to be self-sufficient	[Nスル]
★	在庫	ざいこ	stock; stockpile	[N]
★★	やや		slightly	[Adv.]
★	見合う	みあう	to correspond to; to match	[V]
★★	～当たり	～あたり	per ~	[Others]
★★	消費	しょうひ	consumption; to consume; to spend	[Nスル]
★★	減少	げんしょう	decrease; to decrease	[Nスル]
	ガット・ウルグアイ・ラウンド交渉	がっと・うるぐあい・らうんどこうしょう	GATT Uruguay Round negotiations	[N]
★★	義務	ぎむ	obligation	[N]
★★	受け入れる	うけいれる	to accept	[V]
★	合意	ごうい	agreement; to agree	[Nスル]
★	農産物	のうさんぶつ	agricultural product	[N]
★★	制限	せいげん	limit; restriction; to limit; to restrict	[Nスル]

すばやく読む2　Speed Reading 2

★★	例外	れいがい	exception	[N]
★	関税	かんぜい	tariffs	[N]
★★	動き	うごき	movement	[N]
★★	唯一	ゆいいつ	sole; only	[N]
★	穀物	こくもつ	grain; cereal	[N]
★★	交渉	こうしょう	negotiation; to negotiate	[Nスル]
★★	最低限	さいていげん	minimum	[N]
★★	至る	いたる	to reach; to arrive at	[V]
★★	～不足	～ぶそく	shortage of ~	[Others]
★	品目	ひんもく	item	[N]

聞く　Listening

★	台数	だいすう	number of units	[N]
★★	自動車	じどうしゃ	automobile	[N]
★★	メーカー		manufacturer	[N]
★★	現状	げんじょう	current situation; current status	[N]
★★	詳しい	くわしい	detailed	[いAdj.]
★	比率	ひりつ	ratio; proportion	[N]
★★	～位	～い	(1st, 2nd, etc.) place ("number + 位")	[Others]
★★	伸びる	のびる	to grow; to increase	[V]
★	ピーク		peak	[N]
★★	伴う	ともなう	to accompany	[V]
★★	予測	よそく	forecast; to forecast	[Nスル]
★	少子高齢化	しょうしこうれいか	declining birthrate and an aging population	[N]
★★	若者	わかもの	young people	[N]
★	～離れ	～ばなれ	separate from ~	[Others]
★★	自家用車	じかようしゃ	one's own car	[N]
★★	所有	しょゆう	possession; to own	[Nスル]
★★	現地	げんち	at that place; locally	[N]
★	有利（な）	ゆうり（な）	advantageous	[なAdj.]
★★	注文	ちゅうもん	order; to order	[Nスル]
★	輸送	ゆそう	transportation; to transport; to ship	[Nスル]
★	～費	～ひ	cost of ~	[Others]
★★	今後	こんご	from now on; in the future	[N]
★★	拡大	かくだい	expansion; to expand	[Nスル]
★	見込む	みこむ	to anticipate	[V]
★	グローバル		global	[N]
★★	予想	よそう	forecast; to expect	[Nスル]

p.57

1 ～おそれがある　may become ~; may cause ~

① 万一、問題が起これば原油が輸入できなくなるおそれがある。
　　<ruby>原油<rt>げんゆ</rt></ruby>　<ruby>輸入<rt>ゆにゅう</rt></ruby>
If a problem arises, however unlikely, crude oil imports may become impossible.

② 今回の地震によって、津波が起こるおそれがある。
　　<ruby>今回<rt>こんかい</rt></ruby>　<ruby>地震<rt>じしん</rt></ruby>　<ruby>津波<rt>つなみ</rt></ruby>
This earthquake may cause a tsunami.

③ パンダが保護されているのは、絶滅のおそれがあるからだ。
　　<ruby>保護<rt>ほご</rt></ruby>　<ruby>絶滅<rt>ぜつめつ</rt></ruby>
The reason pandas are protected is because they may become extinct.

| V dic |
| N の |

おそれがある

Indicates that "(something not very good) may happen." It is an expression used in writing, and often used in broadcast news and reports.

---

❶ バランスの悪い食生活を続けていると、＿＿＿＿＿＿＿＿＿＿＿＿＿＿おそれがある。
　　<ruby>食生活<rt>しょくせいかつ</rt></ruby>

❷ ここ数年は景気が悪いため、大学を卒業しても、＿＿＿＿＿＿＿＿＿＿＿＿＿
　　<ruby>景気<rt>けいき</rt></ruby>　<ruby>卒業<rt>そつぎょう</rt></ruby>

おそれがあると言われている。

❸ ＿＿＿＿＿＿＿＿＿＿＿＿＿＿＿＿たら、＿＿＿＿＿＿＿＿＿＿＿＿＿＿＿

おそれがある。

---

2 ～ざるを得ない　be forced to ~; cannot but ~

① 国内の供給量不足のため輸入に頼らざるを得ない品目がある。
　　<ruby>供給量<rt>きょうきゅうりょう</rt></ruby>　<ruby>不足<rt>ぶそく</rt></ruby>　<ruby>頼<rt>たよ</rt></ruby>　<ruby>得<rt>え</rt></ruby>　<ruby>品目<rt>ひんもく</rt></ruby>
p.60
For some items, we are forced to rely on imports because domestic supply is insufficient.

② このような結果になったということは、この計画は失敗だったと言わざるを得ないだろう。
　　<ruby>結果<rt>けっか</rt></ruby>　<ruby>失敗<rt>しっぱい</rt></ruby>　<ruby>得<rt>え</rt></ruby>
The plan cannot be said to have been anything but a failure, given such results.

③ 仕事が終わらなかったので、残業せざるを得なかった。
　　<ruby>残業<rt>ざんぎょう</rt></ruby>　<ruby>得<rt>え</rt></ruby>
I was forced to work overtime because I couldn't finish the task.

Vない ざるを得ない

Indicates that "one must do it like this because there is no other way," it is an expression used in writing. If the verb ends in "する," it becomes "せざるを得ない," not "しざる得ない."

16

❶ 大学を卒業したかったら、_____ざるを得ない。

❷ 親に言われたら、_____ても、

_____ざるを得ない。

❸ _____ので、

_____ざるを得ない。

③ 〜ないわけにはいかない　cannot afford not to ~; be obliged to ~

① 米のように、供給量が十分であっても輸入しないわけにはいかない品目もある。　(p.60)
There are some items such as rice that we are obliged to import, even if the supply is sufficient.

② 環境問題は世界中の問題であることから、誰もが関心を持たないわけにはいかない。
Environmental issues are a worldwide problem, and no one can afford not to care about them.

③ 本人が強く希望しているのだったら、留学を認めないわけにはいかないだろう。
Since he strongly desires it, we will probably be obliged to allow him to study abroad.

Vない わけにはいかない

Expresses the meaning that "it is impossible/inappropriate not to do something" based on common sense, previous experience, or circumstances. It can sometimes be replaced by "なければならない," but "なければならない" means "that particular action is obligatory and necessary."

例）○卒業するためには勉強しなければならない。
　　×卒業するためには勉強しないわけにはいかない。

cf. **V dic** わけにはいかない
Expresses the meaning that "it is impossible/inappropriate to do something" based on common sense, previous experience, or circumstances.

例）午後も仕事があるので、昼ご飯の時にお酒を飲むわけにはいかない。

---

❶ 来週、大事な試験があるので、_____ないわけにはいかない。

❷ 人間は生きていく以上、_____

ないわけにはいかない。

❸ _____ため、_____

ないわけにはいかない。

1) 折れ線グラフ　Line graphs

練習：❶～❹のグラフの説明に使う言葉をA～Gから選んでください。答えは１つとは限りません。

A. 回復する	B. 増加する	C. 減る	D. 横ばい
E. 伸びる	F. 増える	G. 減少する	

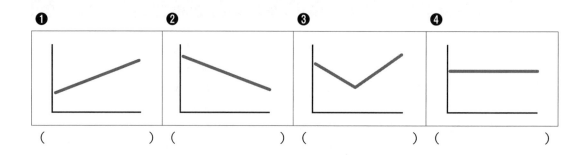

❶	❷	❸	❹

（　　　　　　）（　　　　　　）（　　　　　　）（　　　　　　）

2) グラフの説明に使える副詞　Adverbs that can be used to describe graphs

練習：下線の言葉に置き換えられるものを□□□から選んでください。答えは１つとは限りません。

徐々に	急速に	年々	大幅に	次第に	緩やかに	急激に
じょじょ	きゅうそく	ねんねん	おおはば	しだい	ゆる	きゅうげき

❶ 繊維製品の輸入量は　ものすごく　→（　　　　　　　）増加した。

❷ この地域の人口は　ゆっくりと　→（　　　　　　　）増加している。

❸ 自動車の輸出額は　毎年　→（　　　　　　　）減少している。

❹ この地域の子どもの人口は　少しずつ　→（　　　　　　　）減少している。

❺ スマートフォンは　ものすごい速さで　→（　　　　　　　）普及した。

3) 円グラフ　Pie charts

練習：図を説明する文の＿＿＿＿に入る言葉を[＿＿]から選んでください。必要なら形を変えてください。（　　　）には適切な助詞を入れてください。

> 高い　低い　上る　下がる　上回る　下回る　占める　示す　切る

図　先月の売り上げ

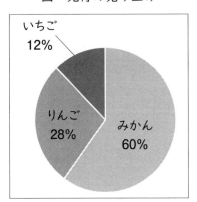

図はA店の果物の売り上げ（a.　　　　）❶＿＿＿＿＿＿グラフである。

みかんが一番割合（b.　　　）❷＿＿＿＿＿＿、約6割（c.　　　）❸＿＿＿＿＿＿。

次がりんごだが、3割（d.　　　）❹＿＿＿＿＿＿。

いちごが一番割合（e.　　　）❺＿＿＿＿＿＿が、1割を少し❻＿＿＿＿＿＿。

みかんの売り上げは、りんごの約2倍、いちごの約6倍（f.　　　）❼＿＿＿＿＿＿。

			ていねいに読む Intensive Reading	
★	ポスター		poster	[N]
★	～中	～じゅう	all over ~	[Others]
★★	装置	そうち	device	[N]
★★	監視	かんし	surveillance; to surveil; to watch closely	[Nスル]
★★	描く	えがく	to depict; to draw	[V]
★★	撮影	さつえい	shooting (on film, etc.); to photograph; to shoot	[Nスル]
★★	いたるところ		everywhere	[N]
★★	設置	せっち	installation; to install	[Nスル]
★★	日常	にちじょう	everyday	[N]
★★	光景	こうけい	scene; sight	[N]
★	防犯	ぼうはん	crime prevention; security	[N]
★★	もしくは		or	[Conj.]
★	前者	ぜんしゃ	the former	[N]
★★	犯罪	はんざい	crime	[N]
★★	もたらす		to bring	[V]
★	ニュアンス		connotation; nuance	[N]
★	読み取る	よみとる	to read; to glean	[V]
★★	後者	こうしゃ	the latter	[N]
★	プライバシー		privacy	[N]
★	侵害	しんがい	intrusion; violation; to violate	[Nスル]
★★	同一	どういつ	the same	[N]
★	言い表す	いいあらわす	to express	[V]
★★	意図	いと	intention; to intend	[Nスル]
★	映す	うつす	to project; to reflect	[V]
★★	捉える	とらえる	to grasp; to understand; to see	[V]
★★	店長	てんちょう	store manager	[N]
★★	犯人	はんにん	perpetrator; criminal	[N]
★★	防止	ぼうし	prevention; to prevent	[Nスル]
★★	加えて	くわえて	in addition	[Conj.]
★	強盗	ごうとう	robber; robbery	[N]
★★	襲う	おそう	to attack	[V]
★★	捜査	そうさ	investigation; to investigate	[Nスル]
★	映像	えいぞう	imagery	[N]
★★	主張	しゅちょう	claim; to claim	[Nスル]
★★	視点	してん	point of view	[N]
★★	観察	かんさつ	observation; to observe	[Nスル]
★★	適切（な）	てきせつ（な）	appropriate	[なAdj.]
★★	基準	きじゅん	standard; criteria	[N]
★	正当性	せいとうせい	legitimacy	[N]
★★	範囲	はんい	scope; range	[N]
★★	表示	ひょうじ	indication; display; to indicate	[Nスル]
★★	いわゆる		so-called	[Others]

ていねいに読む　Intensive Reading

★	隠し撮り	かくしどり	voyeuristic filming; taking photos via hidden cameras	[N]
★	事前	じぜん	in advance	[N]
★★	見なす	みなす	to deem; to consider	[V]
★	モニター		monitor	[N]
★	運用	うんよう	operation; to operate	[Nスル]
★★	さて		now; well	[Conj.]

すばやく読む1　Speed Reading 1

★★	道路	どうろ	road	[N]
★	入り込む	はいりこむ	to penetrate	[V]
★★	減る	へる	to decrease	[V]
★	同僚	どうりょう	colleague	[N]
★	銭湯	せんとう	public bathhouse	[N]
★	男湯	おとこゆ	men's section in a public bathhouse	[N]
★	脱衣所	だついじょ	changing room	[N]
★★	～割	～わり	~ percentage (in units of 10)	[Others]
★	女湯	おんなゆ	women's section in a public bathhouse	[N]
★	着替える	きがえる	to change one's clothes	[V]
★	裸	はだか	naked	[N]
★★	間違う	まちがう	to be mistaken	[V]
★	性別	せいべつ	gender	[N]
★★	現代	げんだい	modern times	[N]
★★	当たり前	あたりまえ	as a matter of course; natural	[N]
★	考え直す	かんがえなおす	to reconsider	[V]

すばやく読む2　Speed Reading 2

★	投稿	とうこう	submission; posting; to post	[Nスル]
★★	記事	きじ	article	[N]
★	欠かせない	かかせない	cannot do without; indispensable	[Others]
★	千葉	ちば	Chiba *Name of a prefecture	[N]
★★	自治体	じちたい	local government	[N]
★★	公共	こうきょう	public	[N]
★★	積極的（な）	せっきょくてき（な）	aggressive; active	[なAdj.]
★	条例	じょうれい	ordinance	[N]
★★	施設	しせつ	facility	[N]
★★	大幅（な）	おおはば（な）	substantial; by a wide margin	[なAdj.]
★★	公開	こうかい	disclosure; to make public	[Nスル]
★★	～件	～けん	~ cases *Counter word ("number + 件")	[Others]
★	賛成	さんせい	agreement; be in favor of	[Nスル]
★★	商店街	しょうてんがい	shopping area; shopping street	[N]
★★	自治会	じちかい	neighborhood council	[N]
★	届け出る	とどけでる	to notify; to report	[V]

				すばやく読む2 Speed Reading 2	
★	ステッカー		sticker		[N]
★★	目立つ	めだつ	to stand out; to be conspicuous		[V]
★★	義務	ぎむ	obligation		[N]
★★	規定	きてい	provision; to stipulate		[Nスル]
★	画像	がぞう	image; imagery		[N]
★★	配慮	はいりょ	consideration; to consider		[Nスル]
★	苦情	くじょう	complaint		[N]
★★	訴える	うったえる	to to appeal to; to to raise (issue, etc.) with; to to sue		[V]
★★	きちんと		properly		[Adv.]

			聞く Listening	
★★	詳しい	くわしい	be knowledgeable about	[いAdj.]
★	お越しいただく	おこしいただく	to arrange to have someone come/visit	[V]
★	性能	せいのう	performance; capability (of device, etc.)	[N]
★★	開発	かいはつ	development; to develop	[Nスル]
★★	特定	とくてい	specific; particular	[N]
★	識別	しきべつ	identification; to identify	[Nスル]
★★	容易（な）	ようい（な）	easy	[なAdj.]
★	認証	にんしょう	authentication; to authenticate	[Nスル]
★	行方不明	ゆくえふめい	missing (persons, etc.)	[N]
★★	万引き	まんびき	pickpocket; to pickpocket	[Nスル]
★★	携帯（電話）	けいたい（でんわ）	mobile phone	[N]
★	追跡	ついせき	tracking; to trace	[Nスル]
★★	平気（な）	へいき（な）	be fine with; be undisturbed by	[なAdj.]
★	結び付ける	むすびつける	to link to	[V]
★★	あらゆる		all kinds of	[Others]
★★	予測	よそく	forecast; to forecast	[Nスル]
★★	明確（な）	めいかく（な）	clear	[なAdj.]
★★	保存	ほぞん	preservation; to save; to keep	[Nスル]
★★	目指す	めざす	to aim for	[V]
★★	議論	ぎろん	discussion; to discuss	[Nスル]
★★	話し合う	はなしあう	to discuss; to talk among one another	[V]
★	本日	ほんじつ	today	[N]

1 接続の表現　Conjunctions
せつぞく

1. **帰結**：したがって／その結果
   き けつ　　　　　　　　　　　けっ か
   Consequence: therefore / as a result

2. **逆接**：ところが
   ぎゃくせつ
   Contradictory: despite that

3. **添加**：さらに／加えて
   てん か　　　　　　　くわ
   Additive: moreover / in addition

4. **選択**：または／あるいは
   せんたく
   Selective: either / or

5. **言い換え**：すなわち
   い　 か
   Restatement: that is

6. **転換**：さて
   てんかん
   Transition: now

練習：＿＿＿＿に入る適切な言葉を下から選んでください。
れんしゅう　　　　　　てきせつ　ことば　　　　　えら

| その結果　　　ところが　　すなわち　　さて　　または　　さらに |
| けっ か |

　人は誰でも「無意識のバイアス」を持っている。ここでは、有名な研究の例を挙げて
　　 だれ　　　　む いしき　　　　　　　　　　　　　　　　　　　　　　　　　　　 あ
説明しよう。

　名前の欄に、白人に固有の名前（エミリーやグレッグ）か、アフリカ系アメリカ人に
　　　　　らん　　はくじん　こ ゆう　　　　　　　　　　　　　　　　　　　　　　　　 けい
固有の名前（ラキーシャやジャーマル）の名前、技能の欄には「高い」❶＿＿＿＿＿＿
こ ゆう　　　　　　　　　　　　　　　　　　　　　　　 ぎ のう らん
「平均的」の２段階のレベル、それ以外はまったく同じ内容の 5,000 通の履歴書を作り、
へいきんてき　　だんかい　　　　　　　　　　　　　　　　　ないよう　　　　つう　りれきしょ
雇用主に送った。❷＿＿＿＿＿＿、雇用主は、白人の名前の履歴書には平均 9.7 名が面接
こ ようぬし　　　　　　　　　　　　　こ ようぬし　はくじん　　りれきしょ　　へいきん　　めんせつ
を希望した。❸＿＿＿＿＿＿、アフリカ系アメリカ人の履歴書に対しては平均 6.5 名が面
き ぼう　　　　　　　　　　　　　 けい　　　　　　　　　りれきしょ　　　　　へいきん　　めん
接を希望し、約 1.5 倍の差となった。❹＿＿＿＿＿＿、白人の名前の履歴書に対して、5
せつ　き ぼう　 やく　　ばい　さ　　　　　　　　　　　　 はくじん　　　　りれきしょ
割増の面接希望があったことになる。
わりまし　めんせつ き ぼう

　これは、名前だけで判断して雇用を進めるバイアスの例である。
　　　　　　　　　　 はんだん　　こ よう

　❺＿＿＿＿＿＿、みなさんも、自分の身の回りで無意識のバイアスを持っていないか立
　　　　　　　　　　　　　　　　　　み まわ　　む いしき
ち止まって考えてみる必要があるだろう。❻＿＿＿＿＿＿、何かを判断する時に、人はバ
 ど　　　　　　　　　　ひつよう　　　　　　　　　　　　　　　　　はんだん
イアスを持つものであるという自覚を持つことは大切である。
じ かく

男女共同参画学協会連絡会著（2019）「無意識のバイアス -Unconscious Bias- を知っていますか？」
https://www.djrenrakukai.org/doc_pdf/2019/UnconsciousBias_leaflet.pdf を一部修正して使用

23

② ～得る／得ない　can/could ~ ; can/could not ~

① 店員から見れば、そのカメラは防犯カメラとも監視カメラともなり得る。 `p.78`

From the shop assistant's point of view, that camera could be both a security camera and a surveillance camera.

② 日本においては、地震はいつでも起こり得ることだ。

In Japan, earthquakes can occur at any time.

③ 彼がノーベル賞を取るなんて、誰も予期し得なかった。

No one could have predicted that he would win the Nobel Prize.

Vます 得る／得ない

Expresses the meaning that "such a thing may be possible" or that "it is possible to do such a thing." If used in the affirmative, both "うる" and "える" forms are possible, but in the negative, it becomes "えない," and in the た form, it becomes "えた."

---

❶ _____なんて、あり得ない。

❷ 誰にでも_____得るだろう。

❸ 近い将来、_____得ると思う。

---

③ 確かに、～もある（だろう）。しかし、～。　Certainly, ~. But/However, ~

① 確かに、脱衣所で財布などが盗まれた時に、犯人を探すためにカメラの映像が役に立つこともあるだろう。しかし、裸を映されるのは、性別に関係なくプライバシーの侵害になるのではないだろうか。 `p.82`

Certainly, if an item such as a wallet is stolen in the changing room, camera footage may be useful in finding the culprit. However, being filmed naked would be an invasion of privacy, regardless of gender.

② 確かに、スポーツは健康にいいという意見もあるだろう。しかし、適度な睡眠と栄養のある食事を摂ることのほうが健康な体には必要だ。

Certainly, some would argue that engaging in sports is beneficial for the body. But a good night's sleep and a nutritious diet are more necessary for a healthy body.

③ 確かに、教養を身につけるには読書が一番いいと考える人もいる。しかし、どのような本でも教養が身につくわけではない。

Certainly, some people believe that reading is the best way to educate oneself. But not every book is educational.

確かに
もちろん　　　～も　　　ある
なるほど　　　　　　　　　いる　　　（だろう）。しかし、～

Used when making a counterargument. The form "確かに X もある / いるだろう。しかし、Y" expresses that although there may be X (or there may be people like X), you think it is Y. The adverbs "もちろん" and "なるほど" may also be used in place of "確かに."

❶ 確かに、＿＿＿＿＿＿＿＿＿＿＿＿＿＿＿は体に悪いという考えもあるだろう。

　　しかし、＿＿＿＿＿＿＿＿＿＿＿＿＿＿＿＿＿＿＿＿＿＿＿。

❷ 確かに、自動車は環境問題を引き起こすという問題もある。
　　　　　じ どうしゃ　かんきょう　　　ひ　お

　　しかし、＿＿＿＿＿＿＿＿＿＿＿＿＿＿＿＿＿＿＿＿＿＿＿。

❸ 確かに、＿＿＿＿＿＿＿＿＿＿＿＿＿＿＿＿＿＿＿＿＿＿＿。

　　しかし、＿＿＿＿＿＿＿＿＿＿＿＿＿＿＿＿＿＿＿＿＿＿＿。

人工知能と働く
じんこうちのう

			ていねいに読む　Intensive Reading	
★	人工知能	じんこうちのう	artificial intelligence	[N]
★	置き換える	おきかえる	to replace	[V]
★★	進歩	しんぽ	progress; to make progress	[Nスル]
★★	奪う	うばう	to take away; to steal	[V]
★★	きっかけ		impetus	[N]
★	准教授	じゅんきょうじゅ	associate professor	[N]
★★	博士	はかせ	Ph.D.	[N]
★★	共同	きょうどう	joint; to do something together	[Nスル]
	野村総合研究所	のむらそうごうけんきゅうじょ	Nomura Research Institute	[N]
★★	およそ		around	[Others]
★	半数	はんすう	half	[N]
★★	職業	しょくぎょう	job; occupation	[N]
★★	全国	ぜんこく	across the country	[N]
★★	事務	じむ	office work	[N]
★★	職員	しょくいん	employee; worker	[N]
★★	〜に代わって	〜にかわって	in place of ～	[Others]
★	確率	かくりつ	probability	[N]
★★	次第に	しだいに	gradually	[Adv.]
	特任教授	とくにんきょうじゅ	specially appointed professor	[N]
★★	自動車	じどうしゃ	automobile	[N]
★★	普及	ふきゅう	popularization; to spread widely	[Nスル]
★	馬車	ばしゃ	horse-drawn carriage	[N]
★	操る	あやつる	to operate; to manipulate	[V]
★★	再び	ふたたび	once again	[Adv.]
★★	訪れる	おとずれる	to come; to visit	[V]
★★	単純（な）	たんじゅん（な）	simple	[なAdj.]
★★	作業	さぎょう	task; to work on	[Nスル]
★★	仕方ない	しかたない	can't help but do something; have no choice but to do something	[Others]
★★	任せる	まかせる	to leave up to (someone); to entrust	[V]
★★	イメージ		image; impression; to visualize	[Nスル]
★★	生物	せいぶつ	living creature	[N]
★★	恐ろしい	おそろしい	scary	[いAdj.]
★	構図	こうず	composition; structure	[N]
★	共存	きょうぞん	coexistence; to coexist with	[Nスル]
★★	問い	とい	question	[N]
★★	共通	きょうつう	commonality; to be common to	[Nスル]
★★	付き合う	つきあう	to associate with; to go out with	[V]
★★	今後	こんご	in the future	[N]

	すばやく読む1	**Speed Reading 1**		
★	公認会計士	こうにんかいけいし	certified public accountant	[N]
★★	高度（な）	こうど（な）	advanced; at a high level	[なAdj.]
★★	知識	ちしき	knowledge	[N]
★★	資格	しかく	qualification	[N]
★★	意外（な）	いがい（な）	unexpected; surprising	[なAdj.]
★	主（な）	おも（な）	main	[なAdj.]
★	監査	かんさ	audit	[N]
★★	流れ	ながれ	flow	[N]
★★	記録	きろく	record; to record	[Nスル]
★★	報告	ほうこく	report; to report	[Nスル]
★	会計	かいけい	accounting	[N]
★★	得意（な）	とくい（な）	be good at	[なAdj.]
★★	計算	けいさん	calculation; to calculate	[Nスル]
★★	正確（な）	せいかく（な）	accurate	[なAdj.]
★★	検索	けんさく	search; to look up	[Nスル]
★★	数字	すうじ	number; figure	[N]
★★	様子	ようす	manner; state	[N]
★	グレー（な）		gray (area)	[なAdj.]
★★	最終的（な）	さいしゅうてき（な）	final	[なAdj.]
	日本公認会計士協会	にほんこうにんかいけいしきょうかい	Japanese Institute of Certified Public Accountants	[N]
★	理事	りじ	director	[N]
★★	役割	やくわり	role	[N]
★★	進める	すすめる	to proceed with; to carry out	[V]

	すばやく読む2	**Speed Reading 2**		
★	顧客	こきゃく	customer	[N]
★	問い合わせ	といあわせ	inquiry	[N]
★	チャットボット		chatbot	[N]
★★	自動	じどう	automatic	[N]
★★	解決	かいけつ	solution; to solve	[Nスル]
★	給料	きゅうりょう	salary	[N]
★★	つながる		to connect	[V]
★★	あらかじめ		in advance	[Adv.]
★★	減る	へる	to decrease; to reduce	[V]
★	メリット		advantage	[N]
★★	単に	たんに	simply	[Adv.]
★★	不安（な）	ふあん（な）	concerned; anxious	[なAdj.]
★★	不満	ふまん	dissatisfaction	[N]
★★	確信	かくしん	certainty; to be certain	[Nスル]
★★	応える	こたえる	to respond	[V]
★	温かみ	あたたかみ	warmth	[N]

	全国ハイヤー・タクシー連合会	ぜんこくはいやー・たくしーれんごうかい	Japan Federation of Hire-Taxi Associations [N]
★★	立場	たちば	position [N]
★	現役	げんえき	currently working; in active service [N]
★★	平均	へいきん	average; to average [Nスル]
★★	年齢	ねんれい	age [N]
★★	後半	こうはん	late (50s, etc.); latter half [N]
★	引退	いんたい	retirement; to retire [Nスル]
★★	観光	かんこう	tourism; to sightsee [Nスル]
★	介護	かいご	nursing care; to nurse (sick or elderly, etc.) [Nスル]
★	送迎	そうげい	pick-up and drop-off; to pick up and drop off [Nスル]
★★	希望	きぼう	wish; to wish [Nスル]
★	体調	たいちょう	physical condition [N]
★	行先	いきさき	destination [N]
★★	提案	ていあん	proposal; to propose [Nスル]
★	年寄り	としより	the elderly [N]
★	自力	じりき	on one's own [N]
★★	移動	いどう	movement; to move [Nスル]
★	送り迎え	おくりむかえ	pick-up and drop-off; to pick up and drop off [Nスル]
★	乗り降り	のりおり	getting on and off; get on and off [Nスル]
★	手助け	てだすけ	help; to lend a hand [Nスル]
★★	塾	じゅく	cram school [N]
★★	発展	はってん	development; progress; to develop; to make progress [Nスル]
★★	貴重（な）	きちょう（な）	valuable [なAdj.]

1　～ではない（だろう）か　Wouldn't ~?; May ~?

① 人工知能とどのように付き合っていくのかは、今後の人間の進歩にかかっているのではないだろうか。　　　　　　　　　　　　　　　　　　　　　　　　　p.105

Wouldn't the way we interact with artificial intelligence from now on depend on the progress of human beings in the future?

② 本人は大丈夫だと言っているが、もしかしたら体調はとても悪いのではないかと心配になる。

He says he is fine, but I'm worried that he may actually be very sick.

③ 自分が正しいと思っていることも、立場が異なれば、正しいとは言えないのではないだろうか。

What one thinks is right may not be right depending on one's point of view.

plain の		
* ナA (なの)	}	ではない（だろう）か
* N (なの)		

"X ではない（だろう）か" expresses the speaker's speculative judgment that "it is probably X." It is often used with words such as "本当は," "実は," and "もしかしたら." It is often used to express one's opinion when summarizing a report or other material.
*The degree of certainty increases in the following order: "ではないだろうか" < "ではないか" < "だろう."

例）オンライン授業が始まった時は、すぐにまた教室に戻れるだろうと思っていた。しかし、1年も続くと、もう教室には戻れないのではないかと思うようになった。これはわたしだけでなく、多くの人が思っていたことなのではないだろうか。

When classes moved online, I thought we would be returning to the classroom soon. However, after a year of online classes, I began to think that we may never be able to return to the classroom. Many others besides me may have thought the same.

❶ 今はまだ人間と同じことができる AI はないが、技術の進歩により、すぐに

＿＿＿＿＿＿＿＿＿＿＿＿＿＿＿＿＿＿＿＿＿＿＿＿＿＿＿＿＿＿＿＿＿ではないだろうか。

❷ 彼は最近寝不足が続いていると言っている。＿＿＿＿＿＿＿＿＿＿＿＿＿＿＿＿＿＿

ではないかと思う。

❸ ＿＿＿＿＿＿＿＿＿＿＿＿＿は、＿＿＿＿＿＿＿＿＿＿＿＿＿＿＿＿＿＿＿＿＿＿

ではないだろうか。

2 ～ずに済む　get by without doing ~; do not have to ~; no need to ~

① 人間が単純な作業をせずに済むため、これまで仕方なくしていた仕事は人工知能に任せればよいことになるのではないか。　　　p.105

Since humans will no longer have to perform simple tasks, wouldn't we be able to leave jobs that people had no choice but to do in the past to artificial intelligence from now on?

② キャッシュレスのサービスが普及したため、最近は現金を持たずに済むようになった。

With the proliferation of cashless services, we can get by without carrying cash these days.

③ 地震が起きた時にどうすればいいかを調べ、準備しておけば、実際に地震が起きた時も慌てずに済むだろう。

If you look up what you need to do in the event of an earthquake and prepare in advance, there will be no need to panic when one actually occurs.

> **V-ない** ずに済む
> す
>
> "X ずに済む" means one "does not have to do X" or one "can get by without using X," and is
> す
> used in writing. In speech, it becomes "〜ないで済む." If the verb ends in "する," it becomes
> す
> "せずに済む," not "しずに済む."
> す　　　　　　　　　す

❶ 先輩から教科書がもらえたので、＿＿＿＿＿＿＿＿＿＿＿＿＿＿＿＿＿＿＿＿＿ずに済んだ。
　せんぱい　　きょう か しょ　　す

❷ 大学生のうちに＿＿＿＿＿＿＿＿＿＿、＿＿＿＿＿＿＿＿＿＿＿ずに済むかもしれない。
　　　す

❸ ＿＿＿＿＿＿＿＿＿＿＿＿＿＿＿ば、＿＿＿＿＿＿＿＿＿＿＿＿＿＿＿ずに済むだろう。
　　す

3 ～とする　state/say ~; consider ~

① 西垣（2016）は、人間（生物）と人工知能（機械）はまったく別のものなので、簡単に
　にしがき　　　　　　　　　せいぶつ　　じんこう ち のう　　き かい　　　　　　　　　　　　　　　　　　　　かんたん
置き換えることはできないのだとしている。
お　か　　　　　　　　　　　　　　　　　　　　　　　　　　　　　　　　 **p.105**
Nishigaki (2016) states that humans (living creatures) and artificial intelligence (machines) are completely
different, and that one cannot easily replace the other.

② 警察は、この男が何らかの事情を知っているとして、男の行方を追っています。
　けいさつ　　　　　　　　　　　　じじょう　　　　　　　　　　　　　　　ゆくえ　お
The police consider this man to know something about the situation, and are looking for him.

③ 日本では 4 という数字はよくないとされることがある。なぜなら、「し」という音が「死」
　　　　　　　　　　すうじ
と同じだからだ。

In Japan, the number 4 is sometimes considered ominous. This is because "し (shi)" sounds the same as the
character for death, "死."

> **plain** とする
>
> "X は Y とする" expresses the meaning that someone "states that X is Y" or someone "thinks
> that X is Y." When the source of the information is indicated, it becomes "とする" or "としてい
> る." However, when the source of the information (X) is not indicated clearly, or when Y is
> presented as a general matter, the phrase takes the passive form: "Y とされている." This is a
> formal expression, and is often used in broadcast news or in a legal context.

❶ 昔は太陽が地球の周りを回っていると＿＿＿＿＿＿いた。だが、ガリレオは「地球が太
　むかし たいよう ち きゅう まわ まわ　　　　　　　　　　　　　　　　　　　　　　　　　　　　　　　ち きゅう たい
陽の周りを回っている」と＿＿＿＿＿＿た。教会はこれを間違ったことだと＿＿＿＿＿
よう まわ まわ　　　　　　　　　　　　　　　　　　　　　　　　　　　ま ちが
ため、ガリレオは有罪となった。
　　　　　　　　　ゆうざい

❷ ＿＿＿＿＿＿＿＿は、＿＿＿＿＿＿＿＿＿＿＿＿＿＿＿＿＿＿＿＿＿＿＿＿＿＿＿＿＿

としている。

❸ わたしの国では＿＿＿＿＿＿＿＿＿＿＿＿＿＿＿＿＿＿＿＿＿＿＿＿とされている。

		ていねいに読む	Intensive Reading	
★	日本画	にほんが	Japanese painting	[N]
★	一色	いっしょく	one color	[N]
★	水墨画	すいぼくが	ink painting	[N]
★★	伝わる	つたわる	to come from; to be introduced from	[V]
★	室町時代	むろまちじだい	Muromachi period	[N]
★	主流	しゅりゅう	mainstream	[N]
★	国宝	こくほう	national treasure	[N]
	松林図屏風	しょうりんずびょうぶ	Pine Forest folding screen	[N]
★	画家	がか	painter	[N]
★	屏風	びょうぶ	folding screen	[N]
	東京国立博物館	とうきょうこくりつはくぶつかん	Tokyo National Museum	[N]
★★	収める	おさめる	to hold; to store	[V]
★★	松	まつ	pine	[N]
★	枯れる	かれる	to wither	[V]
★	長生き	ながいき	longevity; long life; to live long	[Nスル]
★	シンボル		symbol	[N]
★	砂浜	すなはま	sandy beach; shore	[N]
★★	典型的（な）	てんけいてき（な）	stereotypical	[なAdj.]
★	見渡す	みわたす	to look out over	[V]
★★	視点	してん	point of view	[N]
★	浜辺	はまべ	seashore	[N]
★★	周辺	しゅうへん	vicinity	[N]
★	浜	はま	beach; shore	[N]
★	茂る	しげる	to grow thickly; to proliferate	[V]
★	色彩	しきさい	color	[N]
★★	生き物	いきもの	living creature	[N]
★★	画面	がめん	screen; painted area	[N]
★	上部	じょうぶ	upper part	[N]
★	遠景	えんけい	distant view	[N]
★	雪山	ゆきやま	snowy mountain	[N]
★★	地面	じめん	ground	[N]
★	主題	しゅだい	main theme	[N]
★★	強調	きょうちょう	emphasis; to emphasize	[Nスル]
★	墨	すみ	Chinese ink	[N]
★★	濃い	こい	thick; dense	[いAdj.]
★	霧	きり	fog	[N]
★	余白	よはく	blank space	[N]
★★	美	び	beauty	[N]
★★	完成	かんせい	completion; to complete	[Nスル]

★★	仏教	ぶっきょう	Buddhism	[N]
★	禅宗	ぜんしゅう	Zen Buddhism	[N]
★★	お坊さん	おぼうさん	monk	[N]
★	カエル		frog	[N]
★	修行	しゅぎょう	training; to train	[Nスル]
★★	仏	ほとけ	Buddha	[N]
★★	真似	まね	imitation; to imitate	[Nスル]
★	手本	てほん	example; model	[N]
★★	後半	こうはん	late (50s, etc.); latter half	[N]
★★	本格的（な）	ほんかくてき（な）	in earnest; serious	[なAdj.]
★	指さす	ゆびさす	to point to	[V]
	布袋	ほてい	Hotei *Name of god	[N]
	七福神	しちふくじん	Seven Lucky Gods	[N]
★★	広げる	ひろげる	to open wide	[V]
★	跳びはねる	とびはねる	to jump up and down	[V]
★★	天	てん	sky	[N]
★	夜空	よぞら	night sky	[N]
★	満月	まんげつ	full moon	[N]
★★	さす		to point to	[V]
	経典	きょうてん	scripture; writing	[N]
★	ユーモア		humor; wit	[N]
★★	ほっとする		to feel at ease	[V]
★	ほほ笑む	ほほえむ	to smile	[V]
★	魅せる	みせる	to enchant	[V]
★★	貢献	こうけん	contribution; to contribute	[Nスル]

★	ウサギ		rabbit	[N]
★	交互	こうご	alternate	[N]
★	かえって		on the contrary	[Adv.]
★★	込める	こめる	to incorporate; to include	[V]
★	相撲	すもう	sumo wrestling	[N]
★★	場面	ばめん	scene	[N]
★	転ぶ	ころぶ	to fall down; to tumble	[V]
★★	吐く	はく	to emit	[V]
★	擬人化	ぎじんか	anthropomorphization; to anthromorphize	[Nスル]
★	キャラクター		character	[N]
★	生き生きと	いきいきと	in a lively manner	[Adv.]

★	キャッチフレーズ		catchphrase	[N]
★★	美術館	びじゅつかん	art museum	[N]
★★	魅力	みりょく	appeal; attraction	[N]
★	モチーフ		motif	[N]
★	右端	みぎはし	right end; far right	[N]
★	斜め	ななめ	tilted; diagonal	[N]
★	奥行き	おくゆき	depth; depth of field	[N]
★	根元	ねもと	base	[N]
★★	たまる		to accumulate; to puddle	[V]
★	ジグザグ（な）		zigzag	[なAdj.]
★	立体的（な）	りったいてき（な）	three-dimensional	[なAdj.]
★★	風景	ふうけい	scenery	[N]
★	重圧	じゅうあつ	(heavy) pressure	[N]
★	亡くす	なくす	to lose (to death, etc.)	[V]
★★	悲しみ	かなしみ	sadness	[N]
★★	魅力的（な）	みりょくてき（な）	attractive	[なAdj.]

Unit
5
日本美術

1 ～わけではない　*it doesn't mean ~*

① 「松林図屏風」に描かれた松林には、霧がかかっているように見えるが、長谷川等伯は、墨を使って霧を描いたわけではない。　　　p.132

The pine trees in "Pine Forest" appear to be obscured in fog, but that doesn't mean Hasegawa Tohaku used ink to draw the fog.

② 料理は大好きだが、いつも家で料理を作って食べるというわけでもない。

I love to cook, but that doesn't mean I always cook and eat at home.

③ 毎朝、野菜ジュースを飲んでいるといっても、野菜ジュースが好きなわけではない。体にいいから飲んでいるのだ。

When I say I drink vegetable juice every morning, it does not mean I like vegetable juice. I drink it because it's good for my health.

---

plain
* ナA な
* N である
} わけで { は / も } ない

In "Xといっても/Xだが、Yわけではない," Y negates what would naturally be inferred based on the condition or information pertaining to X. It is often used with adverbs such as "いつも" and "必ず." In such cases, it denotes a partial negation of Y.

---

❶ 旅行が好きだといっても、＿＿＿＿＿＿＿＿＿＿＿＿＿＿＿＿＿＿＿＿＿＿わけではない。

❷ 彼は、毎日授業やサークル活動で忙しい。しかし、
＿＿＿＿＿＿＿＿＿＿＿＿＿＿＿＿＿＿＿＿＿＿＿＿＿＿＿＿＿＿＿わけでもない。

❸ Ａ：来月のマラソン大会参加をやめることにしたそうですね。

　Ｂ：ええ、＿＿＿＿＿＿＿＿＿＿＿＿＿＿＿＿＿＿＿＿＿＿＿＿＿＿＿＿。

2 より〜　more ~

① 長谷川等伯は、余白をより効果的に使うことで、それまでになかった日本の美を画面上に表現することに成功した。　**p.132**

By using blank space more effectively, Hasegawa Tohaku succeeded in visually depicting a Japanese beauty that had not existed before.

② より速く、より多くの人や物を運ぶため、飛行機は改良されてきた。

Airplanes have been continuously improved to be able to carry people and goods faster and in more volumes.

③ コンピューターがより小型化して、さまざまなところに使われるようになった。

Computers have become smaller, and have come to be utilized for a variety of uses.

> The form "より X だ（だった）," "より X になる（なった）/ する（した）" means "is (was) more X," "will be (has become)/will make (has made) more X."

❶ さらに練習すれば、より＿＿＿＿＿＿＿＿＿＿＿＿＿＿＿＿＿＿＿＿＿＿＿。

❷ より＿＿＿＿＿＿＿＿＿＿＿＿＿＿＿ため、ボランティア活動を続けるつもりだと学生たちは言った。

❸ ＿＿＿＿＿＿＿＿＿＿＿＿＿＿＿＿＿＿＿＿＿＿＿＿＿＿＿＿結果、

　より＿＿＿＿＿＿＿＿＿＿＿＿＿＿＿＿＿＿＿＿＿＿＿＿＿＿＿。

③ ～ものの　　although ~

① 布袋は、夜空の満月を指でさしているものの、絵には月が描かれていない。　p.137
　Although Hotei points to the full moon in the night sky, there is no moon depicted in the painting.

② お金はないものの、食べるものには困っていない。
　Although I have no money, I have enough to eat.

③ 社長の家まで行ったものの、社長本人には会うことができなかった。
　Although I went to the president's house, I did not manage to meet the president himself.

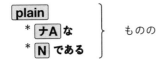

plain
* ナA な ⎫
* N である ⎬ ものの

"Xものの、Y" indicates that X and Y are inversely related, as in "Xだが、Y." It is used in writing.

❶ 学校の近くに住んでいるものの、＿＿＿＿＿＿＿＿＿＿＿＿＿＿＿＿＿＿＿＿。

❷ ＿＿＿＿＿＿＿＿＿＿＿＿＿＿＿＿＿＿＿＿＿＿＿＿＿＿＿＿ものの、

なかなかレポートを完成させることができない。

❸ ＿＿＿＿＿＿＿＿＿＿＿ものの、＿＿＿＿＿＿＿＿＿＿＿＿＿＿＿＿＿。

Unit
5
日本美術

35

			ていねいに読む Intensive Reading	
★	外来語	がいらいご	words of foreign origin	[N]
★★	取り扱い	とりあつかい	handling	[N]
★	知	ち	knowledge	[N]
★	イノベーション		innovation	[N]
★★	生み出す	うみだす	to generate; to create	[V]
★	グローバル		global	[N]
★★	活躍	かつやく	flourishing; to flourish; to play an active role	[Nスル]
★★	人材	じんざい	human resources; talented people	[N]
★	ダイバーシティ		diversity	[N]
★	インクルージョン		inclusion	[N]
★	多用	たよう	heavy use; to be used frequently	[Nスル]
★	表記	ひょうき	writing; to write; to transcribe	[Nスル]
★	置き換える	おきかえる	to replace	[V]
★	和語	わご	Japanese words	[N]
★	漢語	かんご	Chinese words; Chinese expressions	[N]
	文化庁	ぶんかちょう	Agency for Cultural Affairs	[N]
★	公用文	こうようぶん	official document	[N]
★	要領	ようりょう	guide; manual	[N]
★★	提案	ていあん	proposal; to propose	[Nスル]
★★	定着	ていちゃく	establishment; to take root; to be established	[Nスル]
★★	言い換える	いいかえる	to rephrase; to use other words	[V]
★★	普及	ふきゅう	popularization; to spread widely	[Nスル]
★★	戦前	せんぜん	prewar	[N]
★	スマートフォン		smartphone	[N]
★	年配	ねんぱい	elderly	[N]
★★	世代	せだい	generation	[N]
★★	今さら	いまさら	too late (for something, etc.)	[Adv.]
★★	かえって		rather; instead	[Adv.]
★★	混乱	こんらん	confusion; to be confused	[Nスル]
★★	招く	まねく	to invite; to cause	[V]
★	アウトソーシング		outsourcing	[N]
★★	業務	ぎょうむ	work; task	[N]
★★	外部	がいぶ	outside; external	[N]
★	委託	いたく	entrustment; to entrust	[Nスル]
★	マンパワー		manpower	[N]
★	人的資源	じんてきしげん	human resources	[N]
★	文脈	ぶんみゃく	context	[N]
★★	推測	すいそく	guess; to guess	[Nスル]
★★	適切（な）	てきせつ（な）	appropriate	[なAdj.]
★★	冒頭	ぼうとう	beginning	[N]
★	受容	じゅよう	acceptance; to accept	[Nスル]
★	訳す	やくす	to translate	[V]

ていねいに読む			Intensive Reading	
★	性的少数者	せいてきしょうすうしゃ	sexual minorities	[N]
★	なじみ		familiarity	[N]
★★	添える	そえる	to add; to append	[V]
★	一理ある	いちりある	have a point	[Others]
★	推奨	すいしょう	recommendation; to recommend	[Nスル]
★	読み手	よみて	reader	[N]
★★	事例	じれい	case; example	[N]
★	書き手	かきて	writer	[N]
★	見極める	みきわめる	to ascertain	[V]

すばやく読む1			Speed Reading 1	
★★	回答	かいとう	response; answer; to respond; to answer	[Nスル]
★	ゆれ		variation; fluctuation	[N]
★	インフラ		infra (structure)	[N]
★★	大幅（な）	おおはば（な）	substantial; by a wide margin	[なAdj.]
★	コンテンツ		content	[N]
★	学歴	がくれき	educational background	[N]
★	～卒	～そつ	graduated from ～	[Others]
★★	言語	げんご	language	[N]
★	無邪気（な）	むじゃき（な）	naive; guileless	[なAdj.]
★	純真（な）	じゅんしん（な）	naive; innocent	[なAdj.]
★	繊細（な）	せんさい（な）	sensitive; fine-tuned	[なAdj.]
★★	純粋（な）	じゅんすい（な）	innocent; pure	[なAdj.]
★★	知人	ちじん	acquaintance	[N]
★	素朴（な）	そぼく（な）	simple; unsophisticated	[なAdj.]
★★	場面	ばめん	scene	[N]
★	話しことば	はなしことば	colloquial expression	[N]
★★	昼食	ちゅうしょく	lunch	[N]
★★	硬い	かたい	hard; formal	[いAdj.]
★	書きことば	かきことば	expression used in writing	[N]
★	おしゃれ（な）		chic; stylish	[なAdj.]
★	くだけた		casual	[Others]
★	外食	がいしょく	eating out; to eat out	[Nスル]
★★	営業	えいぎょう	operation; opening hours (of store); to be in business	[Nスル]

	すばやく読む2		**Speed Reading 2**	

★★	悩み	なやみ	concern; worry	[N]
★★	キリスト教	きりすときょう	Christianity	[N]
★	聖書	せいしょ	Bible	[N]
★	事物	じぶつ	thing	[N]
★★	誤解	ごかい	misunderstanding; to misunderstand	[Nスル]
★	悪口	わるぐち	bad-mouthing	[N]
★	訳語	やくご	translation	[N]
★★	仏教	ぶっきょう	Buddhism	[N]
★★	用語	ようご	terms; jargon	[N]
★	ラテン語	らてんご	Latin	[N]
	デウス		Deus	[N]
★★	伝わる	つたわる	to convey; to communicate	[V]
★★	地獄	じごく	hell	[N]
	インヘルノ		Inferno	[N]
★★	餅	もち	rice cake	[N]
★★	身近（な）	みぢか（な）	familiar	[なAdj.]
★	代用	だいよう	substitute; to substitute	[Nスル]
★★	欧米	おうべい	Europe and America	[N]
★	単語	たんご	word; vocabulary	[N]
★	組み合わせる	くみあわせる	to combine	[V]
★★	鉄道	てつどう	railroad	[N]
★	開業	かいぎょう	opening of business; to open a business	[Nスル]
★	ふりがな		furigana (indicating pronunciation)	[N]
★★	宿	やど	inn	[N]
★★	備える	そなえる	to keep something ready; to equip	[V]
★	試行錯誤	しこうさくご	trial and error	[N]

	聞く		**Listening**	

★	津波	つなみ	tsunami	[N]
★★	波	なみ	wave	[N]
★★	載る	のる	to list; to enter	[V]
★★	区別	くべつ	distinction; to distinguish	[Nスル]
★	キャラクター		character	[N]
★★	二次元	にじげん	two-dimensional	[N]
★★	見かける	みかける	to see	[V]
★	柴犬	しばいぬ	Shiba Inu	[N]
★	コスプレ		cosplay	[N]
★	アメコミ		American comics	[N]

1 ～ようとする　try to ~

① インクルージョンとは、「外国人や障害者、性的少数者など社会的少数者を受け入れ、彼らと共に生きる社会を目指そうとする意識改革」のことである。　(p.154)

"インクルージョン" is a "reform of the mind, which accepts social minorities, such as foreigners, people with disabilities, and sexual minorities, and which tries to aim for a society in which we can live alongside them."

② 以前会ったことがある人なのだが、思い出そうとしても、どうしても名前が思い出せない。

I've met her before, but try as I might, I just can't remember her name.

③ 目覚まし時計が鳴っても、弟は起きようとしない。それで毎日遅刻している。

Even when the alarm clock goes off, my brother doesn't try to get up. That's why he's late every day.

V(よ)う とする

"Volitional form of volitional verb + とする" expresses an attempt at that action, or an effort to realize that action. In the case of "V よう + としない" (Example ③), the subject is someone other than the speaker, and indicates that the subject does not seem to be attempting or intending to perform the action. "V よう + とした" indicates that the action was attempted but not accomplished.

例）その部屋に入ろうとしたが、鍵がかかっていて入れなかった。

I tried to enter the room, but could not because it was locked.

cf. In the case of a non-volitional verb, it indicates a time immediately before the action takes place.

例）その知らせを聞いたのは、夏休みが終わろうとする頃だった。

I heard the news when summer vacation was just about to end.

---

❶ _____とすればするほど、眠れなくなるのはなぜだろうか。

❷ 周りが何を言っても、本人が_____としないのだから、

何を言っても意味がない。

❸ _____ために、

_____としているが、なかなか続かない。

39

① 現代社会にとって普及や定着が期待されているものは、カタカナ語を使った上で、説明
を添えてわかりやすくすることを提案している。　　　　　　　　　　　　　　**p.154**

For terms that are expected to become widespread and established in modern society, they suggest using *katakana* words first, and then adding explanations to make them easier to understand.

② 必要なことはハンドブックに書いてあります。これをよく読んだ上で、質問してください。

What you need is written down in the handbook. Please read it carefully first, before asking questions.

③ 進学するか就職するかは、家族と相談の上で決めるつもりだ。

I intend to consult my family first, and then decide whether to go on to higher education or find a job.

> | Vた |
> | Nの | ｝ 上で　　　　　　　　　　＊Nには「Nする」のNが入る
>
> "Xした上でY" means to "do X first, and then, as a result, do Y." The subject of X and Y are the same, and a volitional verb comes as Y.
>
> 例) ×田中さんが来た上で、佐藤さんが帰る。
>
> 　　(The subject of X and the subject of Y are different.)
>
> 　　×家を出た上で、今日は休みだということに気がついた。
>
> 　　(Y is a non-volitional verb.)

---

❶ ＿＿＿＿＿＿＿＿＿＿＿＿＿＿＿＿＿＿＿上で、留学先を選んだほうがいい。

❷ ＿＿＿＿＿＿＿＿＿＿＿＿＿は、＿＿＿＿＿＿＿＿＿＿＿＿＿＿＿＿＿＿＿上で、

お使いください。

❸ ＿＿＿＿＿＿＿＿＿＿＿＿上で、＿＿＿＿＿＿＿＿＿＿＿＿＿＿＿＿＿＿＿＿。

① 自分が伝えたいことは何かを見極め、必要に応じて和語や漢語に言い換えるなど、カタ
カナとうまく付き合っていくことが必要ではないだろうか。　p.155

Wouldn't it be necessary to determine what it is that one wants to convey, and rephrase it according to one's needs in Japanese words or Chinese expressions, if one wants to put *katakana* to good use?

② カメレオンは気分や温度に応じて体の色が変わると言われている。

Chameleons are said to change body color according to mood and temperature.

③ 同じ科目であっても、生徒の年齢に応じた指導が必要である。

Even if it is the same subject, students need instruction according to their age.

N_1　｛ に応じて
　　　 に応じた　N_2

In "Xに応じて、Y," words denoting difference in kind or degree come for X, indicating that "if X changes, Y changes in a way that matches it." When modifying a noun, it becomes "N_1 に応じた N_2."

---

❶ ＿＿＿＿＿＿＿＿＿＿に応じて、話し方を変えたほうがいい。

❷ 旅行に行く時は、＿＿＿＿＿＿＿＿＿＿＿＿＿＿＿＿＿＿＿＿＿＿に応じた

＿＿＿＿＿＿＿＿＿＿＿＿＿＿＿＿＿＿＿＿＿＿＿＿＿＿＿＿＿＿。

❸ ＿＿＿＿＿＿＿＿に応じて、＿＿＿＿＿＿＿＿＿＿＿＿＿＿＿＿＿＿＿。

				ていねいに読む	Intensive Reading	
★	腸内		ちょうない		inside the intestines	[N]
★	細菌		さいきん		microbe; bacteria	[N]
★★	定期的（な）		ていきてき（な）		regular	[なAdj.]
★	心がける		こころがける		to keep in mind; to take care to	[V]
★	体内		たいない		inside the body	[N]
★	〜兆		〜ちょう		~ trillion	[Others]
★★	細胞		さいぼう		cell	[N]
★	腸		ちょう		intestines	[N]
★★	かたまり				lump	[N]
	腸内フローラ		ちょうないふろーら		intestinal flora; gut microbiome	[N]
★★	観点		かんてん		point of view	[N]
	ビフィズス菌		びふぃずすきん		Bifidobacterium	[N]
★	菌		きん		bacteria	[N]
	大腸菌		だいちょうきん		E. coli (intestinal bacteria)	[N]
★	害		がい		harm	[N]
	日和見菌		ひよりみきん		opportunistic bacteria	[N]
★★	普段		ふだん		normally	[N]
★★	保つ		たもつ		to keep; to maintain	[V]
★★	崩れる		くずれる		to collapse	[V]
★★	減る		へる		to decrease	[V]
★★	減らす		へらす		to reduce	[V]
★★	増やす		ふやす		to increase	[V]
★★	できあがる				to be formed	[V]
★★	発達		はったつ		development; to develop	[Nスル]
★	肥満		ひまん		obesity	[N]
★	糖尿病		とうにょうびょう		diabetes	[N]
★★	心臓病		しんぞうびょう		heart disease	[N]
★★	がん				cancer	[N]
★	老化		ろうか		aging	[N]
★★	脳		のう		brain	[N]
★★	幸い		さいわい		fortunately	[Adv.]
★★	遺伝子		いでんし		gene	[N]
★	解析		かいせき		analysis; to analyze; to decipher	[Nスル]
★★	短時間		たんじかん		short time	[N]
★★	リスク				risk	[N]
★	性別		せいべつ		gender	[N]
★★	食品		しょくひん		food product	[N]
★★	整える		ととのえる		to arrange; to put in order	[V]

			すばやく読む1　Speed Reading 1	
★	有害（な）	ゆうがい（な）	harmful	[なAdj.]
★	肉眼	にくがん	naked eye	[N]
★	枕	まくら	pillow	[N]
★	便座	べんざ	toilet seat	[N]
★	給湯器	きゅうとうき	water heater	[N]
★	排水管	はいすいかん	drainpipe	[N]
★	無害（な）	むがい（な）	harmless	[なAdj.]
★★	冷蔵庫	れいぞうこ	refrigerator	[N]
★	ドアノブ		doorknob	[N]
★	キッチンカウンター		kitchen counter	[N]
★	ほこり		dust	[N]
★	綿棒	めんぼう	cotton swab	[N]
★★	こする		to rub	[V]
★★	各地	かくち	various places; many regions	[N]
★	サンプル		sample	[N]
★★	由来	ゆらい	origin; originate	[N]
★	野原	のはら	field	[N]
★	混ざる	まざる	to mix	[V]
★★	皮膚	ひふ	skin	[N]
★	かけら		fragment; piece	[N]
★	はがれる		to peel off	[V]
★	歩き回る	あるきまわる	to walk around	[V]
★★	あちこち		here and there	[N/Adv.]
★	何千も	なんぜんも	thousands of	[Adv.]
★	多種多様（な）	たしゅたよう（な）	diverse	[なAdj.]
★★	囲む	かこむ	to surround	[V]
★	取り除く	とりのぞく	to remove	[V]

			すばやく読む2　Speed Reading 2	
★★	多様性	たようせい	diversity	[N]
	アレルギー性疾患	あれるぎーせいしっかん	allergic disease	[N]
★	ぜんそく		asthma	[N]
★	花粉症	かふんしょう	hay fever	[N]
★	湿疹	しっしん	eczema; rash	[N]
★	鼻炎	びえん	rhinitis	[N]
★	免疫	めんえき	immunity	[N]
★	生態学	せいたいがく	ecology	[N]
★★	国境	こっきょう	border	[N]
★	隣り合う	となりあう	to adjoin; to be side by side	[V]
★★	衛生	えいせい	hygiene	[N]
★	仮説	かせつ	hypothesis	[N]
★★	育つ	そだつ	to be raised; to grow up	[V]
★★	血液	けつえき	blood	[N]

Unit
7
身の回りの細菌と健康の関係

★	抗体	こうたい	antibody	[N]
★★	測定	そくてい	measurement; to measure	[Nスル]
★★	ウイルス		virus	[N]
★	花粉	かふん	pollen	[N]
★★	アレルギー		allergy	[N]
★	身の回り	みのまわり	one's surroundings	[N]

聞く　Listening

★	汚れ	よごれ	dirt; grime	[N]
★★	表面	ひょうめん	surface	[N]
★★	層	そう	layer	[N]
★	付着	ふちゃく	attachment; to stick; to attach	[Nスル]
★	住み着く	すみつく	to settle down	[V]
	常在菌	じょうざいきん	resident bacteria	[N]
	ノロウイルス		norovirus	[N]
★★	実験	じっけん	experiment; to experiment	[Nスル]
★	食中毒	しょくちゅうどく	food poisoning	[N]
★	流水	りゅうすい	running water	[N]
★	～秒	～びょう	~ seconds	[Others]
★★	手術	しゅじゅつ	surgery; to operate on	[Nスル]
★	弱る	よわる	to weaken	[V]
★★	感染	かんせん	infection; to be infected	[Nスル]
★★	適切（な）	てきせつ（な）	appropriate	[なAdj.]
★	荒れる	あれる	to become rough	[V]

1 〜うちに　while ~; during ~

① 腸内フローラは、子どものうちにできあがると言われている。 p.177
ちょうない
Intestinal flora is said to be formed during childhood.

② 元気なうちに、いろいろな国へ旅行に行きたいと祖母は言った。
そぼ
My grandmother said she wanted to travel to many different countries while she was still healthy.

③ 雨が降らないうちに、買い物に行ってこよう。
ふ
Let's do the shopping while the rain holds up.

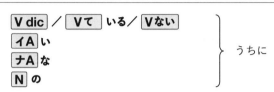

"XうちにY" means to "do Y during the time period or condition of X." This expression is similar to "X間にY," but when Y denotes a volitional action (Examples ① and ②), "X うちに Y" includes the meaning of "Y can only be done during the time period of X," but "X間にY" has no such connotations. Also, in the case of "X間にY," X does not take the negative form, but in the case of "Xうちに Y," the negative form can also be used.

❶ 学生のうちに、_____。

❷ 来週引っ越しをするので、_____うちに、
ひ　こ

荷造りをしておこうと思う。
に づく

❸ _____うちに、_____。

Unit
7
身の回りの細菌と健康の関係

45

2 ～ことが明らかになった　show ~; reveal ~

① 腸内フローラの状態は、年齢、性別によって違うが、食事も大きな影響を与えることが
研究で明らかになった。　**p.177**

Research has shown that the condition of intestinal flora varies with age and gender, but diet also has a significant impact.

② アンケート調査の結果、ここ数年、学生が課題にかける時間が長くなっていることが明らかになった。

The results of the survey revealed that the time students spend on assignments have gotten longer over the past few years.

③ 警察の捜査により、犯人があらかじめ被害者宅を下見していたことが明らかになった。
Police investigations revealed that the perpetrator had cased the victim's house in advance.

> **plain**
> * **ナA**な
> * **N**である
> } ことが明らかになった

"Xことが明らかになった" is a formal expression indicating that X has become known as a result of investigation or research, etc. If the X part is too long, it is better to say "Xということが明らかになった."

---

❶ アンケート調査の結果、＿＿＿＿＿＿＿＿＿＿＿＿＿＿＿＿＿＿＿＿＿＿＿＿

ことが明らかになった。

❷ 田中らの研究で、＿＿＿＿＿＿＿＿＿＿＿＿＿＿＿＿＿＿＿＿＿＿＿＿＿＿

ことが明らかになった。

❸ ＿＿＿＿＿＿＿＿＿＿＿＿＿＿＿＿＿＿＿＿＿＿が明らかになったため、

＿＿＿＿＿＿＿＿＿＿＿＿＿＿＿＿＿＿＿＿＿＿＿＿＿＿＿＿＿＿＿＿。

③ 体の一部を使った慣用句　Idioms that incorporate body parts

① 最近、ぜんそくや花粉症、湿疹、鼻炎など、免疫に関係がある病気が増えていると耳にする。　p.183

One hears that, recently, diseases related to the immune system, such as asthma, hay fever, eczema, and rhinitis, are on the rise.

② 日本で電車に乗っていると、座席に座って居眠りしている人をよく目にする。

When riding trains in Japan, I often see people dozing in their seats.

③ 東京からわざわざ京都まで来たのだから、ついでに奈良まで足を延ばすことにした。

Since I had come all the way to Kyoto from Tokyo, I decided to make a side trip to Nara as well.

The following are some idioms that incorporate body parts.

1．**目にする**：見る、見かける　to see; to chance to see
2．**耳にする**：聞く、聞こえる　to hear; to be audible
3．**耳が痛い**：自分の弱点や欠点など他の人から言われてつらく思う
　　　　　　　to find it painful when others point out one's weaknesses or shortcomings
4．**口にする**：①言ってみる　to speak; mention　②食べてみる　to try eating
5．**口に合う**：自分の好みの味だ　be to one's taste
6．**手にする**：①手に取って持つ　to hold in one's hand　②入手する　to obtain
7．**足を運ぶ**：①歩いて行く　to walk　②わざわざ行く　to take the trouble to go
8．**足を延ばす**：Ａ地点まで行ったので、さらにその近くのＢ地点まで行く
　　　　　　　　Since one has gone all the way to point B, go a little further to reach point B
9．**足を伸ばす**：リラックスする　to relax
10．**頭が痛い**：解決できない問題があって困っている
　　　　　　　　to be troubled because of a problem that one can't solve

---

練習：＿＿＿に入る適切な慣用句を上の１〜10から選んでください。

❶ 練習せずにピアノのレッスンに行ったら、あまり練習していないことを指摘されて、＿＿＿。

❷ 世界的に有名な画家の展覧会が開かれていると知って、会場に＿＿＿ことにした。

❸ ホームステイ先のお父さんが作ってくれる料理は味付けが濃いので、濃い味付けが好きなわたしの＿＿＿。

❹ 最近、町の中で小さな子どももスマートフォンを持っているのを＿＿＿ようになった。

❺ コンピューターが壊れたので新しいのを買わなければならないが、家賃も払わなければならず、生活費が足りなくなりそうで、＿＿＿。

❻ 出張で東京に来たので、せっかくだから横浜まで＿＿＿ことにした。

Unit
7
身の回りの細菌と健康の関係

47

企業の社会に対する貢献
きぎょう　　　　　　　　　こうけん

ていねいに読む　Intensive Reading

★	営利	えいり	profit	[N]
★★	重視	じゅうし	importance; focus; to place importance on	[Nスル]
★★	後半	こうはん	latter half	[N]
★★	福祉	ふくし	welfare	[N]
★★	配慮	はいりょ	consideration; to consider	[Nスル]
★	孤児院	こじいん	orphanage	[N]
★★	慈善的 (な)	じぜんてき (な)	philanthropic	[なAdj.]
★★	貢献	こうけん	contribution; to contribute	[Nスル]
★★	半ば	なかば	middle of; mid-	[N]
★★	各地	かくち	many regions; various places	[N]
★	公害	こうがい	pollution	[N]
★	オイルショック		oil shock	[N]
★★	石油	せきゆ	oil; petroleum	[N]
★	値上げ	ねあげ	price increase; to raise prices	[Nスル]
	日本経済団体連合会	にほんけいざいだんたいれんごうかい	Keidanren (Japan Business Federation)	[N]
★★	総合的 (な)	そうごうてき (な)	comprehensive	[なAdj.]
★★	捉える	とらえる	to grasp; to understand; to see	[V]
★	源泉	げんせん	source	[N]
★★	向上	こうじょう	enhancement; to enhance	[Nスル]
★	つなげる		to link to	[V]
★★	促進	そくしん	promotion; encouragement; to promote; to push forward with	[Nスル]
★	ツール		tool	[N]
★★	取り組む	とりくむ	to make an effort	[V]
★	ステークホルダー		stakeholder	[N]
★★	側面	そくめん	aspect	[N]
★★	整理	せいり	organization; to put things in order; to arrange	[Nスル]
★★	倫理的 (な)	りんりてき (な)	ethical	[なAdj.]
★★	適切 (な)	てきせつ (な)	appropriate	[なAdj.]
★★	公開	こうかい	disclosure; to make public	[Nスル]
★★	高〜	こう〜	high 〜	[Others]
★	品質	ひんしつ	quality	[N]
★★	製品	せいひん	product	[N]
★	人権	じんけん	human rights	[N]
★★	従業員	じゅうぎょういん	employee; worker	[N]
★★	尊重	そんちょう	respect; to respect	[Nスル]
★	顧客	こきゃく	customer	[N]
★★	株主	かぶぬし	shareholder	[N]
★★	社員	しゃいん	employee	[N]
★	途上国	とじょうこく	developing country	[N]
★★	増大	ぞうだい	increase; to increase	[Nスル]
★	フェア・トレード		fair trade	[N]

★★	農家	のうか	farmer; farming household	[N]
★	農産物	のうさんぶつ	agricultural product	[N]
★★	見なす	みなす	to deem; to consider	[V]
★	業績	ぎょうせき	business performance	[N]
★★	予算	よさん	budget	[N]
★★	提案	ていあん	proposal; to propose	[Nスル]
★★	共有	きょうゆう	sharing; to share	[Nスル]
★★	価値	かち	value	[N]
★★	創造	そうぞう	creation; to create	[Nスル]
★★	名付ける	なづける	to name	[V]
★	コーヒー豆	こーひーまめ	coffee beans	[N]
★★	ルート		route	[N]
★	豆	まめ	bean	[N]
★	貧困	ひんこん	poverty	[N]
★	飲料	いんりょう	drink; beverage	[N]
★	栽培	さいばい	cultivation; to farm; to cultivate	[Nスル]
★★	効率	こうりつ	efficiency	[N]
★★	～化	～か	~ify	[Others]
★★	資金	しきん	funds	[N]
★★	収入	しゅうにゅう	income	[N]
★	売り上げ	うりあげ	sales	[N]
★★	伸びる	のびる	to improve	[V]
★★	初期	しょき	initial/early stage	[N]
★★	投資	とうし	investment; to invest	[Nスル]
★★	視点	してん	point of view	[N]
★★	創り上げる	つくりあげる	to create	[V]
★	余力	よりょく	surplus power	[N]
★	本業	ほんぎょう	core business	[N]
★★	応える	こたえる	to respond; to address	[V]

Unit
8
企業の社会に対する貢献

★★	栄養	えいよう	nutrition	[N]
★★	試み	こころみ	test; try	[N]
★	栄養失調	えいようしっちょう	malnutrition	[N]
★★	改善	かいぜん	improvement; to improve	[Nスル]
★★	強化	きょうか	strengthening; fortification; to strengthen	[Nスル]
★★	～向け	～むけ	aimed at ~	[Others]
★★	製造	せいぞう	production; to produce	[Nスル]
★	同社	どうしゃ	the company in question; said company	[N]
★★	貧しい	まずしい	poor	[いAdj.]
★	乳牛	にゅうぎゅう	milk cow	[N]
★★	飼う	かう	to keep (animals, etc.)	[V]
★	椰子	やし	palm tree	[N]
★	木の実	きのみ	fruit; nut	[N]

		すばやく読む 1		Speed Reading 1	
★	糖分	とうぶん	sugar content		[N]
★	原料	げんりょう	raw ingredient		[N]
★★	地元	じもと	local		[N]
★★	単に	たんに	simply		[Adv.]
★★	当初	とうしょ	at first		[N]
★★	食品	しょくひん	food product		[N]
★	値上がり	ねあがり	price increase; to increase in price		[Nスル]
★	赤字	あかじ	in the red; lose money		[N]
★★	首都	しゅと	capital city		[N]
★★	活性	かっせい	vitality		[N]
★	取り組み	とりくみ	effort; initiative		[N]
★★	事例	じれい	case; example		[N]

		すばやく読む 2		Speed Reading 2	
★	提唱	ていしょう	advocacy; to advocate		[Nスル]
★	ペットボトル		PET bottle; plastic bottle		[N]
★	肥満	ひまん	obesity		[N]
★★	進出	しんしゅつ	advance; to enter (market, etc.)		[Nスル]
★	無糖	むとう	sugar-free		[N]
★★	開拓	かいたく	trailblazing; to pioneer; to be the first to cultivate		[Nスル]
★★	伸ばす	のばす	to stretch; to improve		[V]
★★	高齢化	こうれいか	aging population; to age as a population		[Nスル]
★★	畑	はたけ	field (for growing vegetables, etc.)		[N]
★★	減る	へる	to decrease		[V]
★★	減少	げんしょう	decrease; to decrease		[Nスル]
★★	放っておく	ほうっておく	to neglect		[V]
★	荒地	あれち	wasteland		[N]
★★	雇用	こよう	employment; to employ		[Nスル]
★	茶葉	ちゃば	tea leaves		[N]
★	ノウハウ		know-how		[N]
★	買い取る	かいとる	to buy		[V]
★	原価	げんか	cost		[N]
★★	おさえる		to suppress; to keep down		[V]
★★	低〜	てい〜	low ~		[Others]
★★	コスト		cost		[N]
★★	運営	うんえい	operation; to operate		[Nスル]
★★	加工	かこう	process; to process		[Nスル]
★★	設立	せつりつ	establishment; to establish		[Nスル]
★	金融ファンド	きんゆうふぁんど	financial fund		[N]
★	主力	しゅりょく	main		[N]

★	バブル経済	ばぶるけいざい	bubble economy	[N]
★★	ホール		hall	[N]
★	寄付	きふ	donation; to donate	[Nスル]
★	砂漠	さばく	desert	[N]
★	ライター		writer	[N]
★★	イメージアップ		improvement of one's image/impression	[N]
★	自社	じしゃ	the company itself	[N]
★★	結び付く	むすびつく	to link to; to lead to	[V]
★	二酸化炭素	にさんかたんそ	carbon dioxide	[N]
★	排出	はいしゅつ	emission; to emit	[Nスル]
★★	順番	じゅんばん	order	[N]
★★	景気	けいき	the economy	[N]
★★	余裕	よゆう	room; margin	[N]

1　〜つつ　all the while 〜; together with 〜　　cf. つつ（も）☞ U1-3

p.196

① これは、企業が CSR に配慮しつつ取り組むべき課題を、課題分野とステークホルダーの二つの側面から整理したものである。
This lists issues that companies should address, all the while mindful of CSR, from two aspects: issue areas and stakeholders.

② 人は失敗を重ねつつ、成長していくものだ。
People mature, all the while making mistakes.

③ このプロジェクトは、地域の人の協力を得つつ、進められてきた。
This project has been carried out together with the cooperation of local residents.

Vます つつ

Indicates that the same person or entity is performing one action while simultaneously carrying out another. It has the same meaning as "ながら," but "つつ" is more often used in formal expressions and in writing.

---

❶ 彼は＿＿＿＿＿＿＿＿＿＿＿＿＿＿つつ、夜は大学に通って経営学の修士号を取った。

❷ 新しいことを始める時には、＿＿＿＿＿＿＿＿＿＿＿つつ、それを始めるのがいい。

❸ ＿＿＿＿＿＿＿＿＿＿＿つつ、＿＿＿＿＿＿＿＿＿＿＿＿＿＿。

Unit 8　企業の社会に対する貢献

① 企業にとっては、高品質のコーヒーの商品が作られることによって、これまでより売り
　上げが伸び、企業の利益が増大する。　　　　　　　　　　　　　　　　　 p.197-198

For the company, production of high-quality coffee products leads to sales higher than ever before, and improves profit.

② わたしにとって、大学とは学びの場所というよりも、友人を見つける場所だった。

For me, college was more a place to find friends than a place to learn.

③ 大学が運動部の活動に力を入れるのは、試合に勝つことが大学にとって知名度を上げる
　ことにつながるからだ。

The reason universities expend a lot of effort regarding the activities of their athletic teams is because winning games is a way for universities to raise their profile.

N にとって

This means "considering things from N's point of view" or "considering from N's standpoint," with words that denote persons or organizations filling in for N. Sentences that express an objective state, as in Example 1 below, cannot follow "Nにとって." The phrase cannot be used with sentences that express attitudes, such as "賛成" or "反対," either.

例1）×わたしにとって、この部屋の家賃は（周りの部屋の家賃と比べて）高い。

For me, the rent for this place is high (when compared to the rent for other places in the vicinity).

例2）×わたしにとって、あの人の考えに賛成だ。　　 For me, I agree with his opinion.
　　　○わたしは、あの人の考えに賛成だ。　　　　 I agree with his opinion.

---

❶ 現代人にとって、_____。

❷ 就職活動をしている大学生にとって、_____。

❸ _____ にとって、_____。

③ ～よう／～であろう　probably ~

① 以上のことから、Ｉ社は、緑茶飲料という一つの主力商品を中心に、共有価値を創造して
いると言えよう。 (p.206)

Based on the above, it can probably be said that Company I is creating shared value centered on one main
product, green tea beverages.

② 彼は親友をだましたことを一生の秘密にしておくであろう。

He will probably keep the fact that he deceived his best friend a secret for the rest of his life.

③ 世界における BRICS 地域の重要性は、今後も高まっていくであろう。

The importance of the BRICS region for the world will probably continue to grow.

> | plain | であろう
> | Vpot ます | よう
>
> A formal expression used in writing that indicates inference. In the case of "V (potential) よう,"
> verbs that express thought, such as "言う" or "考える" are often used.

---

❶ その制度によって、_____であろう。

一方、_____であろう。

❷ SNS の発達によって、_____と言えよう。

❸ _____であろうと言われている。

東京大学教養学部のアカデミック・ジャパニーズ　J-PEAK 中上級 ［別冊］
J-PEAK: Japanese for Liberal Arts at the University of Tokyo [Pre-advanced Level] [Supplement]

Published by The Japan Times Publishing, Ltd.
2F Ichibancho Daini TG Bldg., 2-2 Ichibancho, Chiyoda-ku, Tokyo 102-0082, Japan
Website: https://jtpublishing.co.jp/

ISBN978-4-7890-1806-7

Printed in Japan